INSTRUCTOR'S RESOURCE MANUAL
to accompany
¡HABLEMOS ESPAÑOL!
SIXTH EDITION

Testing Program with Answer Key for Tests
Answer Key for Textbook Exercises and Activities
Script for the *Para escuchar* Listening Section in Textbook

TERESA MÉNDEZ-FAITH
Saint Anselm College

MARY MCVEY GILL

LOURDES JIMÉNEZ
Saint Anselm College

DEANA SMALLEY
College of Notre Dame

Australia Canada Mexico Singapore Spain United Kingdom United States

IRM to accompany ¡Hablemos Español!/Sixth Edition
Méndez-Faith • McVey Gill • Jiménez • Smalley

Copyright © 1998, 1994, 1991 Heinle & Heinle, a division of Thomson Learning, Inc. Thomson Learning ™ is a trademark used herein under license.

Printed in the United States of America

2 3 4 5 6 7 8 9 10   06 05 04 03 02 01

For more information contact Heinle & Heinle, 25 Thomson Place, Boston, MA 02210 USA, or you can visit our Internet site at http://www.heinle.com

All rights reserved. No part of this work covered by the copyright hereon may be reproduced or used in any form or by any means—graphic, electronic, or mechanical, including photocopying, recording, taping, Web distribution or information storage and retrieval systems—without the written permission of the publisher.

For permission to use material from this text product contact us:
Tel: 1-800-730-2214
Fax: 1-800-730-2215
Web: www.thomsonrights.com

ISBN: 0-03-025471-X

Preface

This testing program has been prepared to accompany ¡Hablemos español!, Sixth Edition, and to provide the instructor with a wide range of evaluation devices to use throughout the course. It has been designed to accommodate the individual needs of different language programs and instructional approaches. Each quiz evaluates student mastery of the vocabulary and grammar of the corresponding textbook chapter, as well as reading, listening comprehension, and writing skills. Included in this testing program are:

a) two *Pruebas* or quizzes for each textbook chapter (including the *Capítulo preliminar,* the 16 core chapters, and the *Capítulo suplementario*)
b) two *Lecturas* or cultural readings with comprehension tests for each chapter
c) four *Exámenes comprensivos* or final exams of the core material: two for *Capítulo preliminar–Capítulo 8,* and two for *Capítulo 9–Capítulo 16*
d) complete answer keys for the quizzes, *Lecturas,* and comprehensive exams

The chapter quizzes include two different versions (*Prueba A* and *Prueba B*) based on the same grammar and vocabulary material. Both quizzes test students' listening and comprehension skills as well as evaluate their knowledge of active vocabulary (focusing primarily on the themes of the chapter) and their understanding of the grammar points presented in the text. *Prueba A* follows a somewhat traditional testing approach (such as answering questions, completing sentences, filling in the blanks, writing short paragraphs, etc.), while *Prueba B* offers a more varied format (including multiple-choice and true/false items, open-ended exercises and writing tasks, etc.). In addition, *Prueba B* always includes one or two sections which test the chapter's vocabulary and/or grammar content through the interpretation of pictures. At the end of each quiz, students have the opportunity to win extra points by demonstrating their knowledge of culture. The *¡Puntos extras!* end sections are based on the cultural material of each lesson.

In addition to the *Pruebas,* this testing program offers optional corresponding *Lecturas* or cultural readings dealing with the various Spanish-speaking countries included in the text. There is one *Lectura* per chapter with the option of choosing between two different styles of tests: *Lectura A* with questions and short answers, or *Lectura B* with an easy-to-correct multiple-choice exercise. Where possible, the vocabulary and grammatical structures from the chapter have also been incorporated into the reading.

The format of the four comprehensive (or final) exams is similar to that of the chapter quizzes. They include major grammatical points and other structures contained in the chapters covered, verify knowledge of vocabulary, as well as evaluate students' listening and comprehension skills. Most exercises in these exams are contextualized, thus allowing students to connect form with meaning to the greatest possible extent.

Instructors will find the quizzes easy to photocopy. They are designed to take about fifteen minutes for the students to complete. In general (with a few exceptions), the various parts of *Prueba A* or *Prueba B* are interchangeable. Because of this, with some cutting and pasting, the instructor so inclined could create a combined test made up of elements taken from each *Prueba*.

This testing program does not give point values to any of the quizzes, exams, or readings included in it. This allows instructors to use their own (or their department's) criteria in assigning points to the various sections when grading these tests. There is a complete answer key for all exercises (except when answers will vary) at the very end of the testing program. The scripts for the listening comprehension sections of each quiz and comprehensive exam are found in the answer keys as well.

EXAMaster + Computerized Testing Program

In the EXAMaster+ Computerized Testing Program, the *Capítulo preliminar* is Chapter P. The *Capítulo suplementario* is Chapter S. The EXÁMENES COMPRENSIVOS I form A and form B are chapter E1A and E1B, respectively. The EXÁMENES COMPRENSIVOS II form A and form B are chapter E2A and E2B, respectively. *Prueba A and B* and *Lectura A and B* are consecutively numbered in each chapter. This differs from the print version where the questions are numbered with Roman numerals and start over with I for each part. To create your own copy with the computerized numbering system, print the test bank chapter(s) desired by selecting PRINT CHAPTER OPTIONS in the PRINT Menu of EXAMaster+. The test disk(s) includes the *Pruebas* and *Lecturas* as they are found in this printed testing program. If you have any questions, please call toll free 800-447-9457.

Contents

PREFACE iii

PRUEBAS (Chapter Quizzes) 1

   Capítulo preliminar
      Prueba A 3
      Prueba B 5

   Capítulo uno
      Prueba A 7
      Prueba B 9

   Capítulo dos
      Prueba A 13
      Prueba B 15

   Capítulo tres
      Prueba A 19
      Prueba B 21

   Capítulo cuatro
      Prueba A 23
      Prueba B 25

   Capítulo cinco
      Prueba A 27
      Prueba B 29

   Capítulo seis
      Prueba A 31
      Prueba B 33

   Capítulo siete
      Prueba A 35
      Prueba B 37

   Capítulo ocho
      Prueba A 39
      Prueba B 41

   Capítulo nueve
      Prueba A 43
      Prueba B 45

   Capítulo diez
      Prueba A 47
      Prueba B 49

   Capítulo once
      Prueba A 51
      Prueba B 53

Capítulo doce
    Prueba A   55
    Prueba B   57
Capítulo trece
    Prueba A   59
    Prueba B   61
Capítulo catorce
    Prueba A   63
    Prueba B   65
Capítulo quince
    Prueba A   67
    Prueba B   69
Capítulo dieciséis
    Prueba A   71
    Prueba B   73
Capítulo suplementario
    Prueba A   75
    Prueba B   77

LECTURAS (Reading Comprehension Tests/Exercises)   79
Capítulo preliminar
    Lectura A   81
    Lectura B   82
Capítulo uno
    Lectura A   83
    Lectura B   84
Capítulo dos
    Lectura A   85
    Lectura B   86
Capítulo tres
    Lectura A   87
    Lectura B   88
Capítulo cuatro
    Lectura A   89
    Lectura B   90
Capítulo cinco
    Lectura A   91
    Lectura B   92
Capítulo seis
    Lectura A   93
    Lectura B   94
Capítulo siete
    Lectura A   95
    Lectura B   96
Capítulo ocho
    Lectura A   97
    Lectura B   98

Capítulo nueve
   Lectura A   99
   Lectura B   100

Capítulo diez
   Lectura A   101
   Lectura B   102

Capítulo once
   Lectura A   103
   Lectura B   104

Capítulo doce
   Lectura A   105
   Lectura B   106

Capítulo trece
   Lectura A   107
   Lectura B   108

Capítulo catorce
   Lectura A   109
   Lectura B   110

Capítulo quince
   Lectura A   111
   Lectura B   112

Capítulo dieciséis
   Lectura A   113
   Lectura B   114

Capítulo suplementario
   Lectura A   115
   Lectura B   116

EXÁMENES COMPRENSIVOS   117
   I   Capítulos P–8 (A)   119
   I   Capítulos P–8 (B)   127
   II   Capítulos 9–16 (A)   133
   II   Capítulos 9–16 (B)   141

ANSWER KEY FOR ALL *PRUEBAS*   149

ANSWER KEY FOR ALL *LECTURAS*   186

ANSWER KEY FOR *EXÁMENES COMPRENSIVOS*   195

ANSWERS TO TEXTBOOK EXERCISES AND ACTIVITIES   203

**SCRIPTS FOR THE *PARA ESCUCHAR*
LISTENING SECTIONS OF THE TEXTBOOK**   281

*Includes scripts for listening comprehension sections

PRUEBAS
(CHAPTER QUIZZES)

Nombre _____ Fecha _____ Sección _____

Capítulo preliminar
Prueba A

I. Your instructor will ask you five questions. Answer them with complete sentences in Spanish.

1. _____
2. _____
3. _____
4. _____
5. _____

II. Complete the following dialogue by adding the appropriate information in Spanish.

SRA. LÓPEZ: Hola, Joaquín. ¿ _____ estás?

JOAQUÍN: Estoy _____ , señora López, Gracias.

SRA. LÓPEZ: Y la familia, ¿está _____ ?

JOAQUÍN: Mamá no está aquí. Está en _____ . Papá está _____ . ¿Y ustedes?

SRA. LÓPEZ: _____ estamos bien, gracias.

III. Write the Spanish equivalent of each of the following words.

1. day _____
2. exercise _____
3. chapter _____
4. house _____
5. hello _____
6. paper _____

IV. Little Ana is talking on the phone to her grandmother. Complete the sentences below by filling in the blanks with the correct form of the verb *estar*.

1. Yo _____ en casa con Papá.
2. Mamá _____ en San Antonio.
3. Rosa y Antonio _____ en el salón de clases.
4. Nosotros _____ bien. ¿Y ustedes?

Holt, Rinehart and Winston   PRUEBAS (Chapter Quizzes)

¡PUNTOS EXTRAS!   Complete the following sentences by filling in the blanks with the appropriate words.

1. ¡Bienvenidos al _____ hispano!

2. ¿Cómo se dice "workbook" en español? _____

_____

Nombre _____ Fecha _____ Sección _____

Capítulo preliminar
Prueba B

I. Your instructor will read a short paragraph. He/She will then read five statements. If the statement is true, circle V (*verdadero*); if it is false, circle F (*falso*).

1. V / F 2. V / F 3. V / F 4. V / F 5. V / F

II. Complete the following sequences by circling the most appropriate response for each case.

1. ¿Qué tal?

   Bien. / Mucho gusto. / Por favor.

2. ¿Cómo se llama usted?

   Se llama Antonio Banderas. / Me llamo… / Muy bien.

3. Mucho gusto.

   Repitan. / Estás mal. / Igualmente.

4. ¿Cómo estás?

   Más o menos. / Buenos días. / El gusto es mío.

5. Me llamo Jon Secada.

   Muy mal. / Mucho gusto. / Estoy bien.

III. Form logical sentences by combining each of the subjects in the left column with an appropriate ending from the right column. Write the letter of the correct ending in the spaces provided.

1. _____ Yo…   a. está en Machu Picchu.
2. _____ Tú…   b. estoy en la Alhambra.
3. _____ Nosotros…   c. estás en el lago Titicaca.
4. _____ Carlos…   d. estamos en las pampas.

IV. Look at the following picture and identify the numbered items by writing down the corresponding word in Spanish in the spaces provided below.

1. _____ 4. _____

2. _____ 5. _____

3. _____ 6. _____

¡PUNTOS EXTRAS!   Complete the sentences below with *tú* or *usted,* as appropriate.

1. Con la Sra. Rodríguez uso (*I use*) _____ .

2. Con Mamá uso _____ .

Nombre _____ Fecha _____ Sección _____

Capítulo 1
Prueba A

I. Your instructor will ask you four questions. Answer each one in a complete sentence in Spanish.

1. _____

2. _____

3. _____

4. _____

II. Fill in the blanks with the correct forms of the indefinite articles: (*un, una, unos, unas*).

1. No es _____ papel; es _____ mapa.

2. No son _____ páginas; son _____ pasaportes.

3. No es _____ tiza; es _____ bolígrafo.

4. No es _____ pared; es _____ pizarra.

III. Form the plural of the following words.

1. avión _____   3. niña _____

2. lápiz _____   4. hotel _____

IV. **A family trip.** Complete the sentences by circling the appropriate words.

1. Los primos están en (el inglés / la cámara / el restaurante).

2. La abuela viaja con (los niños / los hoteles / las vacaciones).

3. Los padres están en (el hotel / la liberación / el mapa).

4. La tía Julia busca (las vacaciones / el fin de semana / el pasaporte).

5. Viajamos a Madrid para pasar (las mujeres / la situación / las vacaciones).

Holt, Rinehart and Winston   PRUEBAS (Chapter Quizzes)

V. **In a travel agency.** Fill in the blanks with one of the following interrogative words to complete the conversation between a travel agent and a customer. (Use capital letters as needed.)

quiénes   cuándo   qué   adónde   cómo

1. —Buenos días. ¿ _____ desea viajar?
   —A Madrid.

2. —Muy bien. ¿ _____ desea viajar?
   —En avión.

3. —Y, ¿ _____ desea viajar?
   —Mañana.

4. —¿Con _____ viaja usted?
   —Con dos amigos.

5. —¿ _____ desean visitar ustedes?
   —El Museo del Prado.

VI. Write a brief paragraph (4–5 sentences) about yourself and your family. Use complete sentences in Spanish.

_____
_____
_____
_____
_____

¡PUNTOS EXTRAS! Complete the sentences by filling in the blanks with the appropriate information.

1. _____ es la capital de España.

2. La moneda (*currency*) de España es la _____ .

Nombre _____ Fecha _____ Sección _____

Capítulo 1
Prueba B

I. Listen carefully as your instructor reads a paragraph about Madrid. Then listen to the five statements that follow. Write "Sí" if the statement is true, or "No" if it is false.

1. _____   3. _____   5. _____

2. _____   4. _____

II. Provide the indefinite articles (*un, una, unos, unas*) for the following words.

1. _____ número   4. _____ viaje

2. _____ lección   5. _____ universidades

3. _____ hotel

III. Write the plural forms of the words in parentheses.

El Sr. Robledo viaja a España. Desea visitar cinco _____ (ciudad), tres _____ (universidad) y muchos _____ (museo). También desea llevar dos _____ (cámara).

IV. Complete the sentences below describing what the people are doing. Use the present tense of regular -*ar* verbs and provide the appropriate definite articles where needed.

1. Tío Pepe   2. Los estudiantes   3. Tía Julia   4. Nosotros

Holt, Rinehart and Winston   PRUEBAS (Chapter Quizzes) | 9

1. _____ al aeropuerto de Barajas.

2. _____ la lección seis.

3. _____ el pasaporte.

4. _____ con el señor.

V. Blanca's little brother is asking her all sorts of questions. Luckily for him, Blanca is in a good mood today. Circle the appropriate interrogative word.

1. —¿Con (qué / quién) hablas?

   —Hablo con Felipe.

2. —¿(Cuál / Por qué) no estudias ahora?

   —Porque deseo hablar con Felipe.

3. —¿(Qué / Cómo) miras?

   —Miro una foto (*photo*) de los abuelos.

4. —¿(De dónde / Cuándo) llegan los abuelos?

   —Llegan mañana.

5. —¿(Adónde / Dónde) está Mamá?

   —Está en casa de los tíos.

VI. Look at the family tree of a family from Madrid, Spain. Identify the following family members.

```
          Amelia  +  Miguel
            /          \
   Carlos + Gloria    Rosario + Mateo
      /      \             |
   Teresa   Jorge       Eduardo
```

1. Amelia es la _____ de Miguel.

2. Miguel es el _____ de Gloria y Rosario.

3. Jorge y Eduardo son _____ .

4. Mateo es el _____ de Teresa.

Nombre _____ Fecha _____ Sección _____

¡PUNTOS EXTRAS! Complete the sentences by filling in the blanks with the appropriate information.

1. _____ es la capital de España.

2. El museo más (*most*) importante de Madrid se llama _____ .

Nombre _____ Fecha _____ Sección _____

Capítulo 2
Prueba A

I. Answer the oral questions, using complete sentences in Spanish.

1. _____

2. _____

3. _____

4. _____

II. Circle the adjective that could correctly modify the following words.

1. tía: amable / aburrido / simpático

2. amigos: simpáticas / idealistas / bonitas

3. personas: perdidos / responsables / trabajadores

4. examen: difícil / cortés / trabajador

III. **Alicia in the art gallery.** Write the preposition *a*, *de*, or the personal *a* only when necessary. (Leave the space blank if no preposition is necessary.)

1. Alicia llega _____ la galería _____ arte "Raquel Forner".

2. Allí Alicia mira _____ los cuadros. También mira _____ los chicos.

3. Regresa _____ la casa y escucha _____ la radio.

4. Llama por teléfono _____ una amiga y habla _____ la exposición.

IV. Complete the statements using the correct form of the verb *ser*.

1. Yo _____ Margarita Lozano.

2. Mi familia _____ de Honduras.

3. Mi hermano y yo _____ estudiantes.

4. Mis padres _____ profesores de filosofía.

Holt, Rinehart and Winston

V. Give the opposite of each word.

1. bueno _____   3. pesimista _____

2. grande _____   4. joven _____

VI. You and your friends are planning a trip to Buenos Aires. Form sentences using the words below, making all necessary changes. Provide the definite articles and the contractions *al* or *del*, as necessary.

MODELO Roberto / necesitar / pasaporte
Roberto necesita el pasaporte.

1. Marisa / llamar / agente de viajes

_____

2. tú / buscar / mapa / Argentina

_____

3. yo / preguntar / dirección / hotel

_____

4. Marisa y Roberto / desear / visitar / Bahía Blanca

_____

5. Marisa, Roberto y yo / estar / nervioso / pero / contento

_____

VII. Fill in the blanks with the correct form of the verb *ser* or *estar* as appropriate.

1. ¡Hola! Me llamo Marta. (Yo) _____ estudiante de drama en la Escuela Nacional de Arte Dramático.

2. (Yo) _____ de Mendoza pero ahora (yo) _____ en Buenos Aires.

3. Hay un examen sobre *Hamlet* hoy. El examen _____ en el salón de clases número 78.

¡PUNTOS EXTRAS! Complete the sentences by filling in the blanks with the appropriate information.

1. Los habitantes (*inhabitants*) de Buenos Aires se llaman _____ .

2. Los _____ son los "cowboys" de (la) Argentina.

Nombre _____ Fecha _____ Sección _____

Capítulo 2
Prueba B

I. Listen carefully as your instructor reads a paragraph about Buenos Aires. Then complete the sentences which will follow.

1. _____

2. _____

3. _____

4. _____

5. _____

II. Describe each of the following persons, places, or things using two adjectives.

1. Yo soy _____ y _____ .

2. Esta (*This*) clase es _____ y _____ .

3. Antonio Banderas es _____ y _____ .

III. **Un viaje a Viedma.** Fill in the blanks with *a, de,* or the personal *a* only when necessary. (Leave the space blank if nothing is needed.)

1. Llamo _____ la agente _____ viajes porque deseo visitar _____ (la) Argentina.

2. Según ella, para viajar _____ (la) Argentina necesito un pasaporte.

3. Pregunto cómo llegar _____ Viedma.

4. La agente busca _____ la ciudad en el mapa.

5. Viedma está lejos _____ Buenos Aires, al sur Bahía Blanca.

IV. **Lucía.** Fill in the blanks with the correct form of the verb *ser* or *estar* as appropriate.

1. Hola, me llamo Lucía. (Yo) _____ estudiante de ciencias de información.

Holt, Rinehart and Winston

2. Mamá y Papá _____ profesores de inglés.

3. Ahora ellos _____ en Uruguay con mi (*my*) hermano Sergio.

4. Sergio _____ amable y muy popular.

5. Él y yo _____ contentos porque viajamos a California en agosto (*August*).

V. Complete the following paragraph by providing the definite articles and the contractions *al* or *del* when necessary.

_____ Dr. Gaona es _____ director _____ Hospital Italiano. _____ esposa _____ doctor es _____ piloto de avión. Para trabajar, ella lleva _____ auto _____ aeropuerto y él viaja en _____ autobús _____ hospital. ¿Por qué? Pues… porque _____ casa de ellos está lejos _____ aeropuerto y muy cerca _____ hospital.

VI. Match each word on the left with its opposite word on the right by writing in the corresponding letter.

1. _____ optimista   a. corto
2. _____ feo   b. egoísta
3. _____ largo   c. pesimista
4. _____ altruista   d. bonito

VII. Write a brief paragraph (4–5 sentences) about your friend Sofía, who is at the library (*biblioteca*) studying for an exam. Include in your description at least five (5) of the words listed in these columns. Make all necessary changes.

inteligente   responsable
aburrido   trabajador
fácil   difícil
cerca (de)   detrás (de)
preguntar   preparar

_____
_____
_____
_____
_____

Nombre _____   Fecha _____   Sección _____

¡PUNTOS EXTRAS! Complete the sentences by filling in the blanks with the appropriate information.

1. La moneda (*currency*) oficial de (la) Argentina es el _____ .

2. Un animal exótico de (la) Argentina es el _____ .

Nombre _____ Fecha _____ Sección _____

Capítulo 3
Prueba A

I. Your instructor will ask you four questions. Answer each one with a complete sentence in Spanish.

1. _____
2. _____
3. _____
4. _____

II. You are writing a letter to a friend to tell her how you and your friends are doing. Choose the appropriate verb from the list and fill in the blank with the correct present tense form.

comer   recibir   comprender   venir   vivir

1. Sandra y Tomás _____ en un apartamento ahora.

2. Raúl no _____ cartas de Gloria.

3. Josefa y yo _____ pizza día y noche.

4. Yo no _____ a mis padres.

5. ¿Por qué no _____ tú a vernos (*to see us*)?

III. **One-upsmanship.** Complete the sentences by filling in the blanks with the Spanish equivalents of the possessive adjectives given in parentheses to show that you and your friends have it all.

1. (*Her*) _____ vida es interesante, pero (*my*) _____ vida es fascinante.

2. (*Their*) _____ casa es linda, pero (*our*) _____ casa es estupenda.

3. (*His*) _____ amigos son buenos, pero (*your* [familiar, singular]) _____ amigos son fabulosos.

IV. Answer the following questions with complete sentences in Spanish.

1. ¿A qué hora sales de casa por la mañana?

   _____

2. ¿A qué hora vienes a la clase de español?

   _____

3. ¿A qué hora sales de la clase de español?

   _____

4. Cuando haces la maleta, ¿siempre pones allí un libro?

   _____

V. Juan is at the library and he is guessing what subject his friends are studying by the books they are reading.

1. Elena lee libros sobre las civilizaciones mayas y aztecas.

   Ella estudia _____ .

2. Rafael lee sobre Cervantes y Shakespeare.

   Él estudia _____ .

3. Julia lee sobre las ecuaciones y los triángulos.

   Ella estudia _____ .

¡PUNTOS EXTRAS! Complete the sentences by filling in the blanks with the appropriate information.

1. La Piedra del Sol es un _____ azteca.

2. La Pirámide del Sol está en _____ , México.

Nombre _____ Fecha _____ Sección _____

Capítulo 3
Prueba B

I. Listen carefully as your instructor reads a paragraph describing Mexico City. Then listen to the six statements that follow. Write "Sí" if the statement is true, or "No" if it is false.

1. _____   3. _____   5. _____

2. _____   4. _____   6. _____

II. Look at the clocks below and write sentences (with the verb *ser*) telling the time in Spanish.

1.   2.

1. _____

2. _____

III. **One-upsmanship.** Complete the sentences by filling in the blanks with the Spanish equivalents of the possessive adjectives given in parentheses to show that you and your friends have it all.

1. (*Their*) _____ ideas son buenas, pero (*our*) _____ ideas son brillantes.

2. (*Your*) _____ composición es interesante, pero (*my*) _____ composición es fascinante.

3. (*Her* [familiar]) _____ abogado es competente, pero (*our*) _____ abogado es estupendo.

IV. Complete the sentences with the appropriate forms of *hacer, poner, salir,* or *venir.*

1. (Nosotros) _____ mañana para Guadalajara.

2. Susana _____ las maletas.

3. Felipe y Tomás _____ aquí a las once.

4. ¿Dónde _____ yo la cámara? ¿en la maleta?

V. Describe with complete sentences what the following people are doing. Use the present tense of regular *-er* and *-ir* verbs.

1. Beatriz 2. El niño 3. Silvia 4. Los estudiantes

1. _____
2. _____
3. _____
4. _____

VI. The following questions are directed to you. Answer them with complete sentences.

1. ¿Qué estudia usted?

_____

2. ¿Qué desea estudiar usted en el futuro?

_____

3. ¿Cuál es la clase más (*most*) interesante que usted tiene?

_____

4. ¿Cree usted que la historia es aburrida o interesante?

_____

¡PUNTOS EXTRAS! Complete the sentences by filling in the blanks with the appropriate information.

1. El héroe de la independencia mexicana es _____

_____ .

2. La capital de México tiene más de _____ de habitantes.

Nombre _____ Fecha _____ Sección _____

Capítulo 4
Prueba A

I. Your instructor will ask you four questions. Answer each one with complete sentences in Spanish.

1. _____
2. _____
3. _____
4. _____

II. Marcos and his friends are describing how they are going to spend their vacation. Say what they are doing by completing the sentences with the correct form of *ir a*.

MODELO Juan **va a** trabajar en una agencia de viajes.

1. Felipe y Manuel _____ ir a Santiago.

2. Marcos _____ esquiar cerca de Portillo.

3. Ana y yo _____ visitar a los abuelos.

4. Tú _____ la Isla de Pascua.

5. Yo _____ nadar mucho.

III. Fill in the blanks with the appropriate vocabulary word(s), as necessary.

Ahora _____ años. Mi cumpleaños es en

el mes de _____ . Mi estación favorita es

_____ porque _____ y

_____ . Hoy es _____ .

Mañana es _____ y yo tengo

que _____ . Mi día favorito es _____ ,

porque no hay que _____ .

Holt, Rinehart and Winston   PRUEBAS (Chapter Quizzes) | 23

IV. **The skinny on Chile.** Write out the numbers in the following statements.

1. Extensión de norte a sur: 4.300 _____ kilómetros.

2. Extensión de este a oeste: 180 _____ kilómetros.

3. Fecha de la independencia: 1818 _____ .

V. Complete the sentences below with appropriate words or phrases to describe the weather, seasons, and months in various places around the world.

1. En la Florida es _____ durante los meses de junio, julio y agosto.

   Allí _____ calor.

2. Hoy _____ nublado y creo que vamos a tener

   _____ .

3. En diciembre hace mucho _____ en Alaska porque

   es _____ .

4. En Chile los meses de primavera son _____ ,

   _____ y _____ .

VI. You are in a terrible mood. Answer your friend's questions in the negative.

1. ¿Tienes ganas de visitar a alguien hoy? _____

2. ¿Deseas tomar algo? _____

3. ¿Tienes hambre o sed? _____

4. ¿Hay algún problema? _____

¡PUNTOS EXTRAS! Complete the sentences by filling in the blanks with the appropriate information.

1. _____ es la capital de Chile.

2. Chile tiene unos _____ millones de habitantes.

PRUEBAS (Chapter Quizzes)   Holt, Rinehart and Winston

Nombre _____ Fecha _____ Sección _____

Capítulo 4
Prueba B

I. Listen to the following paragraph. Then answer each of the questions which will follow by circling the most appropriate response.

   1. Argentina / Chile / Uruguay

   2. con una amiga / con el esposo / con la familia

   3. dieciocho / diecisiete / dieciséis

   4. arqueología / biología / antropología

   5. a Concepción / a las montañas / a la playa

II. Say how you and others are going to spend your next vacation. Complete the sentences using the *ir a* + infinitive form.

   1. En diciembre nosotros _____ .

   2. En el verano ustedes _____ .

   3. Tiger Woods _____ .

   4. En el invierno tú _____ .

   5. Yo _____ .

III. The following questions are directed to you. Answer them with complete sentences.

   1. ¿En qué mes hace más calor donde usted vive?

   _____

   2. ¿En qué estación están ahora en Chile?

   _____

   3. ¿Cuándo celebra usted su cumpleaños?

   _____

   4. ¿Qué días tiene usted clases?

   _____

Holt, Rinehart and Winston   PRUEBAS (Chapter Quizzes)

IV. Describe the following pictures, using an appropriate *tener* expression for each one.

1.   2.   3.

1. Antonio _____ .

2. Mis amigos _____ .

3. Rita _____ .

V. **The skinny on Chile.** Write out the numbers in the following statements.

1. Población: 14.000.000 _____ de habitantes.

2. Costas: 6.435 _____ kilómetros.

3. Fundación de Santiago: 1541 _____ .

VI. Write a short paragraph in which you describe the following picture. Describe the people in it, where they are, what the weather is like, etc.

_____
_____
_____
_____
_____
_____
_____

¡PUNTOS EXTRAS! Complete the sentences by filling in the blanks with the appropriate information.

1. Los chilenos van a la playa en _____ ,

   _____ y _____ .

2. La moneda de Chile es el _____ .

Nombre _____ Fecha _____ Sección _____

Capítulo 5
Prueba A

I. Listen as your instructor asks you five questions. Answer each one with complete sentences in Spanish.

1. _____
2. _____
3. _____
4. _____
5. _____

II. **At a party.** Make sentences by using the correct forms of the verbs in parentheses and adding any necessary information to describe what is going on at the party.

1. (pensar) El salsero _____.
2. (perder) Nosotros _____.
3. (preferir) Las estudiantes _____.
4. (querer) Tú _____.
5. (entender) Yo no _____.

III. Create sentences using words from each column and making the necessary changes. Use one demonstrative adjective in its correct form in each sentence.

mis padres	buscar		museos
tú	trabajar	(este)	cafetería
mi novio y yo	comer	(ese)	película
yo	pensar	(aquel)	avenida

1. _____
2. _____
3. _____
4. _____

IV. You are interviewing for a job in a New York City neighborhood. Answer the questions using a direct object pronoun.

1. ¿Conoce usted el trabajo? Sí, _____.

2. ¿Pierde el tiempo? No, _____.

3. ¿Habla español? Sí, _____.

4. ¿Conoce nuestra comunidad? Sí, _____.

5. ¿Conoce nuestros productos? Sí, _____.

V. Complete the paragraph by supplying the appropriate form of the verb *saber* or *conocer*.

Yo (No) _____ personalmente a Juan Luis Guerra, pero (yo) _____ quién es porque es famoso en todo el mundo. (Él) _____ muy bien la música tradicional de su país y (él) _____ expresar los problemas y la realidad de la gente caribeña.

VI. Write a brief paragraph (4–5 sentences) describing your city or neighborhood.

_____
_____
_____
_____
_____
_____

¡PUNTOS EXTRAS!

1. Desde (*Since*) el 1898, los puertorriqueños no necesitan _____ para venir a Estados Unidos.

2. Tato Laviera es un famoso _____ puertorriqueño neoyorquino.

PRUEBAS (Chapter Quizzes)   Holt, Rinehart and Winston

Nombre _____ Fecha _____ Sección _____

Capítulo 5
Prueba B

I. Listen carefully as your instructor reads a paragraph about Puerto Rico. Then listen to the five statements that follow. Circle V (*verdadero*) if the statement is true, or F (*falso*) if it is false.

1. V / F   2. V / F   3. V / F   4. V / F   5. V / F

II. Some friends have gotten together to study for an exam, but nobody feels like studying. Complete the sentences by circling the appropriate verbs in parentheses.

1. Tú (piensas / prefieres) en tus planes para el fin de semana.

2. Yo (empiezo / pierdo) el tiempo hablando (*talking*) del fútbol.

3. Adolfo abre su libro pero en cinco minutos lo (nieva / cierra).

4. Las chicas necesitan estudiar, pero (cierran / prefieren) hablar de películas.

5. Por fin (*Finally*) todos (empezamos / entendemos) a estudiar.

III. **Overheard at a party.** Fill in each blank with the appropriate form of the demonstrative adjective used in the preceding question.

1. ¿Quieres escuchar este disco compacto (*C.D.*)? No, quiero escuchar

   _____ cintas (*tapes*).

2. ¿Necesitas este lápiz? No, tengo _____ bolígrafo.

3. ¿Aquel chico es tu primo? No, _____ jóvenes son mis primas.

4. ¿Conoces a aquella chica? No, conozco a _____ chico.

5. ¿Quieres tomar este café? No, quiero tomar _____ agua.

IV. **Angélica Ramírez.** Read the sentences below and complete them logically by circling the appropriate form of the verb *saber* or *conocer*.

1. ¿(Conoces / Sabes) a Angélica Ramírez?

   —No, pero (conozco / sé) quién es.

2. (Conoces / Sabes) dónde vive?

   —No exactamente, pero (conozco / sé) que vive en nuestra calle.

Holt, Rinehart and Winston   PRUEBAS (Chapter Quizzes) | 29

V. Look at the drawing and write sentences in Spanish describing the scene.

[Labels in drawing: EL BANCO, LA DISCOTECA, EL EDIFICIO DE APARTAMENTOS, LA TIENDA, EL GIMNASIO, EL CORREO, EL PARQUE]

1. _____
2. _____
3. _____
4. _____

VI. Circle the letter of the noun that corresponds to the direct object pronoun in each sentence below.

1. La escribes.
   a. ventana
   b. papel
   c. carta

2. Las compramos.
   a. niños
   b. fechas
   c. bicicletas

3. Los leen.
   a. radios
   b. libros
   c. película

4. La hace.
   a. maleta
   b. cuaderno
   c. ciudad

5. Lo esperamos.
   a. mar
   b. basura
   c. autobús

6. Los visito.
   a. aviones
   b. museos
   c. playas

¡PUNTOS EXTRAS!

1. Otro nombre para el "Spanish Harlem" es _____ .

2. El grupo hispano más grande (*biggest*) de Nueva York es el (grupo) de los

   _____ .

Nombre _____ Fecha _____ Sección _____

Capítulo 6
Prueba A

I. Listen as your instructor asks you four questions. Answer each one briefly in Spanish with complete sentences.

1. _____
2. _____
3. _____
4. _____

II. Complete the paragraph about Margarita by circling the correct form of the verb *pedir* or *preguntar*.

1. Margarita (pregunta / pide) dónde está el Hotel Cartagena. 2. Después de encontrarlo (pregunta / pide) una habitación con baño y (pregunta / pide) cuánto cuesta. 3. Baja (*She goes down*) al restaurante del hotel y (pregunta / pide) si tienen comida típica colombiana. 4. El camarero contesta que sí y Margarita (pregunta / pide) el almuerzo.

III. Lorenzo loves to do things for others. Rewrite each of the following sentences by replacing the indirect object in parentheses with its corresponding indirect object pronoun to tell what he is doing for his friends and family.

1. Lorenzo presta sus discos compactos de Gloria Estefan (a mí).

   _____

2. Compra boletos para el cine (a sus amigos).

   _____

3. Muchas veces sirve comida excelente (a su abuela).

   _____

4. Siempre programa la computadora (a ti).

   _____

5. Este fin de semana va a pintar el cuarto de baño (a nosotros).

   _____

IV. Read the sentences below. Then circle the noun that corresponds to the underlined pronoun.

1. Te la compro.   a. entrada   b. huelga   c. papeles
2. Se las doy.   a. cintas   b. a ellos   c. boleto
3. Nos lo prepara.   a. desayuno   b. a él   c. discos
4. Se los da.   a. consejos   b. a usted   c. fiestas
5. Te las saco.   a. paseo   b. pintura   c. fotos

V. Form sentences using the words below to describe how you and some neighbors typically spend a lazy Sunday.

1. ustedes / almorzar / comida mexicana

2. Amelia / dormir / hasta las 11:00

3. nosotros / jugar / al fútbol

4. El Sr. Méndez / encontrar / su programa favorito en la radio

5. yo / soñar con / un viaje a Colombia

VI. Write four sentences about your favorite pastimes.

1.
2.
3.
4.

¡PUNTOS EXTRAS! Complete the sentences by filling in the blanks with the appropriate information.

1. El 21 de septiembre en Colombia es el Día del Amor y la _____.

2. Bogotá está en las _____, donde hace fresco todo el año.

Nombre _____ Fecha _____ Sección _____

Capítulo 6
Prueba B

I. Listen carefully as your instructor reads a passage about Hispanic pastimes. Then listen to the five statements that follow. If the statement is true, circle V (*verdadero*). If it is false, circle F (*falso*).

   1. V / F   2. V / F   3. V / F   4. V / F   5. V / F

II. **In a restaurant.** Read the sentences below and complete them by filling in the blanks with the appropriate forms of *pedir* or *preguntar*.

   1. Yo le _____ otra mesa al camarero.

   2. Ana María _____ a qué hora cierran el restaurante.

   3. Tú nunca _____ café después de la cena, ¿verdad?

   4. José Luis _____ cuánto cuesta una Coca-Cola.

III. **Amusements and pastimes.** Read the sentences below and complete them logically by filling in the blanks with the appropriate verb form from the list.

   soñar   llover   jugar   seguir   decir

   1. No vamos a jugar al béisbol hoy porque _____ .

   2. Susana _____ con un viaje a Hawai.

   3. Los estudiantes _____ al baloncesto por la tarde.

   4. Los lunes yo _____ un curso de yoga.

   5. Raquel _____ que quiere correr en la playa.

IV. You are in a generous mood today and agree to do whatever is asked of you. Answer the following questions by replacing the underlined indirect objects with the appropriate indirect object pronouns.

   MODELO   ¿Pintas el cuarto <u>para tus padres</u>?
   Sí, les pinto el cuarto.

   1. ¿Compras discos compactos <u>para tus primos</u>?

   _____

Holt, Rinehart and Winston   PRUEBAS (Chapter Quizzes) | 33

2. ¿Programas la computadora para mí?

　　_____

3. ¿Reservas un cuarto para nosotros?

　　_____

4. ¿Tocas el piano para Marisa?

　　_____

5. ¿Preparas una cena deliciosa para tus amigos?

　　_____

V. You are organizing a picnic for some of your friends. Answer in the affirmative, and shorten your answers by using direct and indirect object pronouns.

1. ¿Me prestas la cámara? _____

2. ¿Me das las cintas? _____

3. ¿Nos preparas el almuerzo? _____

4. ¿Les lees el libro a los niños? _____

VI. Write 5–6 sentences describing in Spanish what is happening at a party. Give as many details as possible.

_____
_____
_____
_____
_____
_____
_____

¡PUNTOS EXTRAS! Complete the sentences by filling in the blanks with the appropriate words.

1. _____ es la capital de Colombia.

2. _____ es un museo muy importante de Colombia.

PRUEBAS (Chapter Quizzes)　　　　　　　　　　　　　　　Holt, Rinehart and Winston

Nombre _____ Fecha _____ Sección _____

Capítulo 7
Prueba A

I. Your instructor will ask you five questions. Answer each one in a complete sentence in Spanish.

1. _____
2. _____
3. _____
4. _____
5. _____

II. **Describe your daily routine.** Complete each sentence with an appropriate form of one of the reflexive verbs given in the list. Use each verb only once.

lavarse   sentarse   quitarse   ponerse   levantarse   acostarse   divertirse

Todos los lunes yo _____ a las 7:30 de la mañana. _____ con agua fría. Después _____ los pantalones y la camisa. Voy a la cafetería y _____ en una silla, cerca de Silvia. Nosotros comemos y hablamos con otros amigos. ¡Ella y yo _____ mucho! Luego vamos a la clase de historia. Por la noche yo _____ la ropa. Generalmente _____ a las 11:00.

III. Complete each sentence below with the preterit form of one of the following verbs to tell what you and your friends did last weekend. Add the information needed to make logical statements. Use each verb only once.

leer   comprar   escribir   pedir   dormir   divertirse

1. Tú _____ .
2. Inés _____ .
3. Roberto y Aurora _____ .
4. Yo _____ .
5. Beatriz _____ .
6. Todos nosotros _____ .

IV. My cousins Alicia and Diana are a lot alike. Compare them, using *tan* or *tanto(-a, -os, -as)* and the words given.

1. alta _____

2. clases _____

3. ropa _____

4. hacer ejercicios _____

V. They say that all comparisons are odious. Nevertheless, compare yourself to other members of your family, using *más, menos, mayor, menor,* etc.

1. _____

2. _____

3. _____

4. _____

VI. You were dazzled by your trip to Spain. Describe the following things to your friends using the absolute superlative form of the adjectives within parentheses.

1. (hermoso) La Alhambra es un palacio árabe _____ .

2. (popular) El flamenco es una tradición _____ .

3. (elegante) La moda española es _____ .

4. (original) La arquitectura de Gaudí es _____ .

VII. Ana María is very indecisive. She never knows what to wear. Help her by writing down the pieces of clothing she needs for the occasions listed below.

1. para la playa: _____ y _____

2. para el invierno: _____ y _____

3. cuando llueve: _____ y _____

4. para una fiesta formal: _____ y _____

¡PUNTOS EXTRAS! Complete the sentences by filling in the blanks with the appropriate information.

1. En Barcelona se habla español y _____ .

2. _____ es un pintor famoso de Barcelona.

Nombre _____ Fecha _____ Sección _____

Capítulo 7
Prueba B

I. Listen carefully as your instructor reads a paragraph about a trip to Barcelona. Then answer the questions which will follow by circling the most appropriate response.

  1. a Madrid / a Toledo / a Barcelona

  2. lejos de Las Ramblas / cerca de Las Ramblas / a lado de Las Ramblas

  3. jugaron / comieron / sacaron fotos

  4. Las Ramblas / el Parque Güell / el monumento a Cristóbal Colón

  5. contentos / perdidos / cansados

II. Describe the following pictures to tell how Jorge starts his day, using a reflexive verb for each one.

  1. _____
  2. _____
  3. _____
  4. _____

III. Tell what you and your friends did last summer. Use the preterit form of the verbs in parentheses.

  1. Yo _____ (ir) a muchos bailes.

  2. Mis primas _____ (jugar) al vólibol.

  3. Pepe y yo _____ (correr) todos los días.

  4. Elena y Jacinta _____ (quedarse) en casa.

  5. La tía Alejandra _____ (seguir) una clase de francés.

  6. Mi hermano menor _____ (dormir) hasta tarde todos los días.

Holt, Rinehart and Winston   PRUEBAS (Chapter Quizzes) | 37

IV. Make sentences using *tan* or *tanto(-a, -os, -as)* comparing yourself to your friend Carmen.

1. Yo no soy _____ .

2. Yo tengo _____ .

3. Carmen es _____ .

4. Carmen no tiene _____ .

V. Make sentences comparing the following people in each drawing. Use *más, menos, mayor, menor,* etc.

1. Fidel Manuel
2. María Gloria
3. El padre de Roberto Roberto
4. Ana Concha

1. _____

2. _____

3. _____

4. _____

VI. You were dazzled by your trip to Spain. Complete the sentences using the absolute superlative of the adjective of your choice.

1. La Alhambra es un palacio árabe _____ .

2. La moda de Barcelona es _____ .

3. Madrid es una ciudad _____ .

4. Los jóvenes españoles son _____ .

¡PUNTOS EXTRAS! Complete the sentences by filling in the blanks with the appropriate information.

1. En el sur de España es muy importante la influencia _____ .

2. La música flamenca es la música de los _____ del sur de España.

Nombre _____ Fecha _____ Sección _____

Capítulo 8
Prueba A

I. Your instructor will ask you four questions. Answer each one in complete sentences in Spanish.

   1. _____
   2. _____
   3. _____
   4. _____

II. Fill in the blanks with the appropriate vocabulary words.

   1. Para el desayuno me gusta comer _____.

   2. Cuando tengo frío me gusta tomar _____.

   3. Para la cena me gusta comer _____.

   4. Dos postres deliciosos son _____ y _____.

III. Tell a friend about four people you have met at school. (Example: Anita is interested in politics.) Use each of the following verbs: *gustar, faltar, interesar,* and *importar.*

   1. _____
   2. _____
   3. _____
   4. _____

IV. Fred is telling Hilda about his disastrous dinner out with some friends. Complete the sentences with the appropriate preterit form of *querer, tener, poder, traer, dar,* and *ser.*

   1. Nosotros _____ que esperar media hora.

   2. El camarero finalmente *(finally)* _____ encontrar una mesa para nosotros.

   3. Yo pedí otro tenedor, pero el camarero me _____ una taza.

   4. Paco no _____ comer su horrible plato principal.

   5. La cena _____ un desastre.

   6. Nosotros no le _____ una propina *(tip)* al camarero.

V. Your parents want to know what you were up to while they were out of town. Answer their questions, taking care not to incriminate yourself.

1. ¿Adónde fuiste ayer? _____ .

2. ¿Con quiénes estuviste? _____ .

3. ¿Qué hiciste por la noche? _____ .

4. ¿Viniste a casa temprano? _____ .

5. ¿Diste una fiesta? _____ .

VI. **Poor Elena!** Fill in the blanks with either *para* or *por,* as appropriate.

1. Estas aspirinas son _____ Elena.

2. Anoche ella me llamó _____ teléfono.

3. Está enferma y voy a trabajar _____ ella hoy.

4. _____ eso no puedo salir _____ San Antonio contigo.

VII. You and some friends are opening a new restaurant. Write a paragraph (4–5 sentences) describing the restaurant and the menu. Use your favorite foods and drinks.

_____

_____

_____

_____

_____

¡PUNTOS EXTRAS! Complete the sentences by filling in the blanks with the appropriate information.

1. _____ exploró el suroeste de Estados Unidos en 1530.

2. _____ es un(a) atleta mexicano-americano(a).

Nombre _____ Fecha _____ Sección _____

Capítulo 8
Prueba B

I. Listen carefully as your instructor reads a passage about *Nuevo México*. Then read the following statements. If the statement is true, circle V for *verdadero*. If it is false, circle F for *falso*.

1. V / F   La población de Nuevo México es muy grande.

2. V / F   El Río Grande y el Río Bravo son dos ríos importantes de Nuevo México.

3. V / F   La capital de Nuevo México es Santa Fe.

4. V / F   En Nuevo México uno puede escuchar español en la radio y en la televisión.

II. Identify the following foods and drinks.

1. _____   2. _____   3. _____   4. _____

III. Complete the following sentences by circling the appropriate verb given in parentheses.

1. Ayer (conocimos / supimos) que Felipe cocina muy bien.

2. Felipe (hizo / vino) una paella deliciosa.

3. Luis y Ana (quisieron / pudieron) preparar un flan, pero no (quisieron / pudieron).

4. Todos (vinieron / dijeron) que la cena les gustó.

IV. **A dinner party.** Complete the sentences with the appropriate preterit form of one of the verbs given in parentheses.

1. (querer / venir / saber) _____ invitados a cenar el sábado pasado.

2. Adela nos (ir / traer / haber) _____ flores.

3. Los niños (ir / decir / poner) _____ la mesa.

4. (saber / haber / ser) _____ mucha comida buena.

5. ¿Por qué no (querer / poner / venir) _____ tú comer las verduras?

Holt, Rinehart and Winston   PRUEBAS (Chapter Quizzes) | 41

VI. **Time for dessert!** Complete the sentences below by circling the correct preposition.

1. La torta está (debajo de / encima de) la mesa.

2. El helado es (para / por) los niños.

3. El bebé (*baby*) está (al lado de / lejos de) la mesa. Quiere comer torta también.

4. Vamos a dar un paseo (por / para) el parque (después de / detrás de) cenar.

V. Look at the pictures and create sentences about what you think is going on. Use the verbs *encantar, interesar, faltar,* and *gustar.* Use each verb once.

1. Mateo   2. Prof. Ruiz    3. Pepito    4. Nosotros

1. A Mateo _____ .

2. Al profesor Ruiz _____ .

3. A la mamá de Pepito _____ .

4. A nosotros _____ .

¡PUNTOS EXTRAS! Complete the sentences by filling in the blanks with the appropriate information.

1. Una cantante mexicano-americana es _____ .

2. Un actor de cine mexicano-americano es _____ .

Nombre _____ Fecha _____ Sección _____

Capítulo 9
Prueba A

I. Your instructor will ask you four questions. Answer them with complete sentences in Spanish.

1. _____
2. _____
3. _____
4. _____

II. Complete the story with the appropriate imperfect forms of the verbs in parentheses.

Cuando yo _____ (1. tener) doce años, _____ (2. vivir) en San Salvador. Mi padre (3. trabajar) como ingeniero y mi madre _____ (4. ser) doctora. Mis hermanos y yo _____ (5. ir) a la escuela donde (nosotros) (6. ver) a nuestros amigos. Por las tardes nosotros _____ (7. jugar) con los otros niños del barrio.

III. Complete the sentences in each pair by circling one of the verbs in parentheses, as appropriate.

1. a. (Estuve / Estaba) en Guatemala por dos semanas.
   b. (Estuve / Estaba) cansado cuando llegué.

2. a. (Vi / Veía) a Dolores todos los días.
   b. (Vi / Veía) a Dolores la semana pasada.

3. a. (Fuimos / Íbamos) al cine el sábado.
   b. (Fuimos / Íbamos) al cine los sábados.

4. a. ¿(Estudiaste / Estudiabas) mucho cuando estabas en la escuela secundaria?
   b. ¿(Estudiaste / Estudiabas) mucho anoche?

5. a. Antes ellos siempre (se llevaron / se llevaban) bien.
   b. Pero anoche no (se llevaron / se llevaban) muy bien, ¿verdad?

IV. Answer the questions below in complete sentences, using *hace* + an expression of time.

1. ¿Cuánto tiempo hace que usted estudia aquí?

_____

2. ¿Cuánto tiempo hace que usted estudia español?

_____

3. ¿Cuánto tiempo hace que usted conoce a su mejor amigo?

_____

4. ¿Dónde estaba usted hace dos horas?

_____

V. Circle *que* or *quien*, as appropriate.

1. Elena es la chica (que / quien) me quiere.

2. También es la chica con (que / quien) me voy a casar.

3. Ésa es la casa (que / quien) queremos comprar.

4. El problema (que / quien) me preocupa es el dinero.

VI. Write a short paragraph (4–5 sentences) describing your childhood. Use the following questions for guidelines.

¿Cómo era su familia?   ¿Dónde vivían?
¿Quiénes eran sus amigos?   ¿Qué hacían durante las vacaciones?
¿Qué le gustaba hacer?

_____

_____

_____

_____

_____

_____

¡PUNTOS EXTRAS! Fill in the spaces with the appropriate information.

1. La capital de Honduras es _____ .

2. La moneda de El Salvador es _____ .

Nombre _____ Fecha _____ Sección _____

Capítulo 9
Prueba B

I. Listen as your instructor reads a paragraph about the mythical origins of the Maya people. Then listen to the statements that follow. Circle V (*verdadero*) if the statement is true or F (*falso*) if it is false.

1. V / F 2. V / F 3. V / F 4. V / F 5. V / F

II. Answer the following questions in complete sentences in Spanish. Use the imperfect tense.

1. ¿Dónde vivías cuando eras niño(-a)? _____

2. ¿Qué hacían tus padres? _____

3. ¿Qué te gustaba hacer de niño(-a)? _____

4. ¿Qué querías ser de niño(-a)? _____

5. ¿Adónde iba tu familia de vacaciones? _____

III. Complete the paragraph with the appropriate imperfect or preterit forms of the verbs in parentheses.

Marisol es estudiante de la Universidad de Honduras, pero antes _____ (1. vivir) en El Salvador. Su familia _____ (2. tener) que mudarse a Honduras cuando ella _____ (3. tener) doce años. Primero _____ (4. mudarse) su papá y _____ (5. empezar) un nuevo trabajo allí; después _____ (6. llegar) Marisol, su hermano y su mamá. El año pasado, ellos _____ (7. volver) a El Salvador y _____ (8. visitar) a sus parientes por una semana. Sus tíos y primos los _____ (9. esperar) en el aeropuerto cuando _____ (10. llegar). Todos _____ (11. pasar) una semana muy agradable juntos.

Holt, Rinehart and Winston   PRUEBAS (Chapter Quizzes) | 45

IV. Answer the questions using the words in parentheses.

1. ¿Cuánto tiempo hace que llegaste aquí hoy? (dos horas)

_____

2. ¿Cuánto tiempo hace que empezó esta prueba? (doce minutos)

_____

3. ¿Cuánto tiempo hace que tienes clases de español? (cinco meses)

_____

V. Silvia is talking about her boyfriend. Complete her sentences with *que* or *quien(es)*.

1. Manuel es el chico con _____ tengo una cita esta noche.

2. También es la persona de _____ estoy enamorada.

3. Estoy soñando con el beso _____ Manuel me va a dar.

4. Luis es el chico _____ tiene celos de mi novio.

VI. Complete the sentences below by describing the following drawings.

1.   2.   3.

1. Luis y Rita se _____ porque _____ .

2. Luis le da _____ a Rita porque _____ .

3. Los novios _____ .

¡PUNTOS EXTRAS!   Complete the sentences with the appropriate information.

1. La indígena guatemalteca, que se llama _____ , recibió el Premio Nóbel de la Paz por su trabajo a favor de los derechos humanos.

2. La capital de Guatemala es _____ .

Nombre _____ Fecha _____ Sección _____

Capítulo 10
Prueba A

I. Su instructor(a) le va a hacer cuatro preguntas. Contéstelas con frases completas en español.

  1. _____
  2. _____
  3. _____
  4. _____

II. Usted está en Mérida para visitar las ruinas mayas. Otro turista le pregunta cómo llegar a un banco para cambiar dinero. Dele instrucciones, usando los verbos que siguen y mandatos de *usted*.

  1. ir _____ .
  2. doblar _____ .
  3. seguir _____ .
  4. cruzar _____ .
  5. caminar _____ .

III. Catalina piensa viajar a México. Dele consejos; use mandatos de *tú*.

  1. comprar / el boleto / pronto

  _____

  2. llevar / la cámara

  _____

  3. no sacar / fotos / en los museos

  _____

  4. ir / al aeropuerto / temprano

  _____

Holt, Rinehart and Winston   PRUEBAS (Chapter Quizzes)

IV. Usted trabaja de guía (*guide*) en una agencia turística en Guadalajara. Reemplace (*Replace*) los objetos directos con los pronombres correspondientes.

MODELO Miren el mapa, señores.
Mírenlo, señores.

1. No saquen fotos ahora, señoras. _____.

2. Abre tu maleta, Pedro. _____.

3. Cuente su dinero, señor. _____.

4. Dejen el equipaje aquí, señores. _____.

5. Compre cheques de viajero, señor. _____.

6. No cruces la calle, Anita. _____.

V. **Una postal** (*postcard*) **de México.** Usted está en Ciudad de México y le va a mandar una postal a un(a) amigo(-a). Descríbale con 4–5 oraciones (*sentences*) algo que usted vio o aprendió en la capital mexicana.

_____

_____

_____

_____

_____

¡PUNTOS EXTRAS! Complete las frases con la información apropiada.

1. Los mayas vivieron en la Península de _____.

2. Una ruina importante en la "ruta maya" se llama _____.

Nombre _____ Fecha _____ Sección _____

Capítulo 10
Prueba B

I. Usted va a escuchar primero un párrafo sobre un viaje a México y después cinco comentarios sobre el párrafo. Marque V (verdadero) o F (falso) según corresponda.

1. V / F   2. V / F   3. V / F   4. V / F   5. V / F

II. ¿Qué dicen las siguientes personas? Use mandatos de *usted* o de *ustedes*.

1.   2.   3.   4.

1. _____
2. _____
3. _____
4. _____

III. Usted está cuidando (*taking care of*) al niño de unos parientes. Dele mandatos de *tú* usando las palabras que siguen.

1. comer esas verduras _____ .

2. hacer la tarea _____ .

3. no mirar la televisión ahora _____ .

4. no correr en la casa _____ .

5. acostarse ahora mismo _____ .

IV. Usted acompaña a un grupo de estudiantes de una escuela secundaria a México y tiene que decirles todo dos o tres veces. Reemplace (*Replace*) los objetos directos con los pronombres correspondientes.

   MODELO   No tomen cerveza, chicos.
   No la tomen, chicos.

   1. Deja tu maleta aquí, Cindy.

   _____

   2. No lleven pantalones cortos (*shorts*) aquí, chicos.

   _____

   3. No saques fotos en el museo, Will.

   _____

   4. Conozcan las regulaciones de la aduana, chicas.

   _____

   5. Sube las maletas a la habitación, Susan.

   _____

   6. No olvides el pasaporte, Alice.

   _____

V. **Consejos para un(a) amigo(-a).** Uno(-a) de sus amigos(-as) viaja a México la semana próxima. Dele 4–5 consejos sobre qué debe hacer antes de irse y qué debe tratar de ver (visitar) en la capital mexicana después de llegar allí.

   _____

   _____

   _____

   _____

   _____

   ¡PUNTOS EXTRAS!   Llene los espacios con la información apropiada.

   1. En la Península de _____ vivieron los mayas.

   2. La ciudad de _____ , que está al norte de Ciudad de México, es famosa por sus edificios coloniales y por su rica vida cultural.

Nombre _____ Fecha _____ Sección _____

Capítulo 11
Prueba A

I. Su instructor(a) le va a hacer cinco preguntas. Contéstelas con frases completas en español.

1. _____
2. _____
3. _____
4. _____
5. _____

II. Usted habla con un amigo que escuchó las noticias esta mañana. Hágale preguntas usando el *se* pasivo y los elementos indicados.

MODELO ¿ya / hacer / el reportaje?
¿Ya se hizo el reportaje?

1. ¿ya / terminar / la huelga? _____
2. ¿ya / apagar / los incendios? _____
3. ¿ya / declarar / la guerra? _____
4. ¿ya / ganar / el partido (*game*)? _____

III. Usted acaba de regresar de un viaje a Costa Rica. Escriba una lista de los recuerdos (*souvenirs*) que trajo. Use como adjetivo el participio pasado de los verbos entre paréntesis, según sea apropiado.

1. (hacer) un sombrero _____ de henequén (*hemp*)
2. (pintar) varias cerámicas _____ a mano (*by hand*)
3. (sacar) muchas fotografías _____ en San José
4. (escribir) libros antiguos _____ en español

IV. Complete las oraciones. Para cada espacio, escoja el verbo más apropiado y úselo en el presente perfecto.

1. Yo (leer / ver) _____ el noticiero.

2. Mamá (prender / decir) _____ la radio.

3. Los reporteros (cerrar / hacer) _____ sus reportajes.

4. El Papa (viajar / describir) _____ por Europa.

5. Los estudiantes (dar / ir) _____ a la manifestación.

V. Explique qué cosas nunca había hecho su familia antes de su viaje a Costa Rica el verano pasado. Complete las oraciones con el pluscuamperfecto (pasado perfecto) de los verbos entre paréntesis.

1. Nosotros nunca _____ (ver) un volcán.

2. Mamá nunca _____ (estar) en un bosque tropical.

3. Mis hermanos nunca _____ (comer) una papaya.

4. Tú nunca _____ (viajar) en avión.

5. Yo nunca _____ (quedarse) en una pensión.

¡PUNTOS EXTRAS! Complete las oraciones con la información apropiada.

1. La capital de Panamá es _____ .

2. Antes de 1903, Panamá formaba parte de _____ .

Nombre _____ Fecha _____ Sección _____

Capítulo 11
Prueba B

I. Usted va a escuchar primero un párrafo sobre Costa Rica y después cinco comentarios sobre el párrafo. Marque V (verdadero) o F (falso) según corresponda.

1. V / F   2. V / F   3. V / F   4. V / F   5. V / F

II. Conteste las siguientes preguntas acerca de la vida en su universidad usando frases completas en español.

1. ¿Dónde se estudia?

_____

2. ¿Se come bien o mal en la cafetería?

_____

3. ¿Adónde se va los fines de semana?

_____

4. ¿Dónde se compran los libros de texto?

_____

5. ¿Qué se hace para divertirse?

_____

III. Conteste las preguntas de su compañero(-a) de cuarto. Dígale que todo está listo para su viaje a Costa Rica. Use *estar* + el participio pasado como adjetivo.

MODELO   ¿Apagaste las luces?
             Sí, ya están apagadas.

1. ¿Hiciste las reservaciones?

_____

2. ¿Pusiste mi pasaporte en la mochila?

_____

3. ¿Resolviste el problema de los boletos?

_____

4. ¿Cerraste la puerta de la calle?

_____

IV. ¿Qué ha pasado recientemente? Para cada ciudad indicada escriba dos oraciones (*sentences*) describiendo (*describing*) 2–3 problemas graves del momento presente. Use el presente perfecto en sus oraciones.

Ciudad: Morelos

_____

_____

_____

_____

Ciudad: Rosario

_____

_____

_____

_____

Ciudad: Manzanares

_____

_____

_____

_____

V. ¿Qué nunca habían hecho usted y sus amigos antes de su viaje a Costa Rica el verano pasado? Use el pluscuamperfecto (pasado perfecto) y añada la adicional información necesaria.

MODELO nosotros / viajar
 Nunca habíamos viajado en tren.

1. yo / quedarse _____ .

2. Pablo / visitar _____ .

3. Josefina y Lupe / ver _____ .

4. tú / estar _____ .

¡PUNTOS EXTRAS! Complete las oraciones la información apropiada.

1. La moneda de Panamá se llama _____ .

2. La capital de Nicaragua es _____ .

Nombre _____ Fecha _____ Sección _____

Capítulo 12
Prueba A

I. Su instructor(a) le va a hacer cinco preguntas. Contéstelas brevemente en español.

   1. _____
   2. _____
   3. _____
   4. _____
   5. _____

II. **Preparaciones para una fiesta.** Forme oraciones usando los elementos dados y el presente del subjuntivo. Añada (*Add*) la información necesaria.

   1. Mamá / querer / tú / decorar el comedor

   _____

   2. Abuela / mandar / los niños / vestirse ahora

   _____

   3. Papá / pedir / nosotros / tener cuidado con las copas (*wine glasses*)

   _____

   4. Mamá y Papá / prohibir / yo / tocar música rock

   _____

III. Los profesores quieren que sus estudiantes trabajen más. Para saber cómo, escriba frases completas usando el presente del subjuntivo.

   1. la profesora / querer que / nosotros / sacar los cuadernos

   _____

   2. ella / pedir que / Luis y Ana / escribir en la pizarra

   _____

   3. el profesor / mandar que / Marlena / ir al laboratorio

   _____

   4. él / no permitir que / tú / leer una novela en clase

   _____

Holt, Rinehart and Winston — PRUEBAS (Chapter Quizzes)

IV. Usted y sus amigos deciden qué van a hacer el próximo domingo. Conteste las preguntas que siguen, usando la forma *nosotros* de mandato (*nosotros command form*) de los verbos subrayados. Use pronombres objetos cuando sea posible.

1. ¿Estudiamos? No, _____.

2. ¿Vemos el desfile? No, _____.

3. ¿Visitamos la galería de arte? Sí, _____.

4. ¿Asistimos al Ballet Folklórico? No, _____.

5. ¿Organizamos una fiesta? Sí, _____.

V. Conteste brevemente las preguntas en español.

1. ¿Cuál es el día de fiesta más importante para su familia? ¿Por qué?

_____

_____

2. En general, ¿cómo celebra el cumpleaños de su madre (o de su padre)?

_____

3. ¿Cuándo y a quién(es) envía tarjetas?

_____

4. El Día de Acción de Gracias, ¿qué come su familia?

_____

¡PUNTOS EXTRAS!   Complete las frases con la información apropiada.

1. Una fiesta mexicana muy importante (del 16 al 24 de diciembre) se llama _____
_____.

2. El cinco de mayo es la fecha de la victoria mexicana contra los _____.

Nombre _____ Fecha _____ Sección _____

Capítulo 12
Prueba B

I. Su instructor(a) va a leer un párrafo sobre algunas fiestas hispánicas. Después va a leer cinco frases incompletas. Complételas marcando con un círculo las palabras o frases finales más apropiadas.

1. una misa / una cena / las Posadas

2. fiestas / misa / casa

3. piñata / zapatos / nacimiento (*nativity scene*)

4. en la ventana / debajo de la cama / debajo del árbol

5. Santa Claus / los padres / los tres Reyes Magos

II. **Una profesora de español muy exigente** (*demanding*). Lea las siguientes oraciones y marque con un círculo la forma correcta del verbo.

1. La profesora quiere que Gloria (va / vaya) al laboratorio tres veces por día.

2. Manda que nosotros (leemos / leamos) una lectura de cincuenta páginas.

3. Quiere que yo (aprendo / aprenda) cien palabras nuevas para mañana.

4. Nos prohíbe que (hablamos / hablemos) una sola palabra de inglés.

5. Me pide que no (me quejo / me queje) de la tarea.

III. **Preparaciones para una fiesta de cumpleaños.** Conteste las preguntas, empezando con las frases entre paréntesis.

MODELO ¿Compran ellos muchos regalos? (No, no queremos que ellos...)
No, no queremos que ellos compren muchos regalos.

1. ¿Preparo yo una torta? (Sí, Mamá pide que tú...)

_____

2. ¿Ayudas tú a preparar la comida? (Sí, Papá quiere que yo...)

_____

3. ¿Ponemos nosotros la mesa? (Sí, Tía Rosa manda que nosotros...)

_____

4. ¿Compra Enrique una piñata? (Sí, quiero que Enrique…)

_____

5. ¿Es una sorpresa la fiesta? (Sí, todos queremos que la fiesta…)

_____

IV. Usted y sus amigos hablan de posibles actividades para el fin de semana. Haga sugerencias (*suggestions*) formando mandatos de *nosotros* con los verbos que siguen y añada la adicional información necesaria.

MODELO escuchar
Escuchemos música en mi cuarto.

1. ir _____

2. comer _____

3. bailar _____

4. dormir _____

V. Describa lo que pasa en los siguientes dibujos. Use el subjuntivo y añada la adicional información necesaria.

1.   2.   3.

1. Roberto _____.

2. La madre _____.

3. La Sra. Díaz _____.

¡PUNTOS EXTRAS! Llene los espacios con la información apropiada.

1. La ciudad de _____ fue el sitio de la famosa batalla del 5 de mayo de 1862.

2. En México, como en muchos otros países, el primero de mayo se celebra el Día de los _____ .

Nombre _____ Fecha _____ Sección _____

Capítulo 13
Prueba A

I. Su instructor(a) le va a hacer cinco preguntas. Contéstelas brevemente en español.

1. _____
2. _____
3. _____
4. _____
5. _____

II. Adela habla de su visita a una médica en Miami. Complete el párrafo con los artículos definidos correspondientes sólo si son necesarios.

1. Me quité _____ ropa y me puse una bata (*gown*) verde. 2. La Dra. López entró y me saludó en _____ español. 3. Le dije que me dolía _____ garganta y que tenía tos. 4. Ella me dijo que debía dejar (*give up*) _____ cigarrillos. 5. Ya sabía yo eso, ¡y la doctora cobra (*charges*) setenta dólares _____ visita!

III. Fernando y Anita visitan a su madre en el hospital. Llene los espacios con la forma correcta del presente de subjuntivo de los verbos entre paréntesis.

1. Fernando, la enfermera manda que tú no _____ (fumar) en el hospital.

2. El doctor prohíbe que Mamá _____ (recibir) muchas visitas.

3. El doctor no quiere que ella _____ (levantarse) de la cama.

4. Mamá me pide que le _____ (traer) unas revistas.

5. ¡Ojalá que nosotros no _____ (enfermarse)!

IV. **Pobre Felicia.** Complete, de forma lógica, las frases de la columna A con la información de la columna B. Llene cada espacio con la letra correspondiente.

	A		B
1. _____	Es probable que Felicia…	a.	descanses.
2. _____	Es cierto que la enfermera…	b.	van al hospital esta noche.
3. _____	Dudo que ustedes…	c.	viene a visitarnos.
4. _____	Creo que Julieta y Gina…	d.	esté enferma.
5. _____	Insisto en que tú…	e.	tengan miedo.

V. Hoy todos sus amigos se quejan de algún dolor. Complete las oraciones llenando los espacios con las palabras o frases apropiadas del vocabulario sobre el cuerpo y la salud.

1. Marta leyó por cuatro horas. Le duele(n) _____ .

2. Berta y Lupe corrieron seis kilómetros. Les duele(n) _____ .

3. Roberto comió cinco hamburguesas. Le duele(n) _____ .

4. Miguel levantó pesas (*lifted weights*) por dos horas. Le duele(n)

   _____ .

5. Luis habló por teléfono toda la tarde. Le duele(n) _____ .

6. Ana aplaudió (*clapped*) mucho en el concierto. Le duele(n) _____ .

¡PUNTOS EXTRAS!   Complete las frases con la información apropiada.

1. El barrio cubano de Miami se llama _____ .

2. La mayor parte de los cubano-americanos son exiliados políticos del régimen de

   _____ .

Nombre _____ Fecha _____ Sección _____

Capítulo 13
Prueba B

I. Su instructor(a) va a leer un párrafo sobre el cuerpo humano y la salud. Después va a leer cinco frases incompletas. Complétalas marcando con un círculo las palabras más apropiadas.

   1. clínica / hospital / consultorio

   2. tos / fiebre / mareos

   3. garganta / cabeza / estómago

   4. medicamentos / pastillas / vitaminas

   5. curarse / descansar / enfermarse

II. **Mi hermano el doctor.** Complete el párrafo que sigue con los artículos definidos correspondientes, sólo si son necesarios.

   Mi hermano visita el barrio latino una vez al mes. Allí él habla con _____ (1) mujeres y _____ (2) niños que están enfermos. Después de ver a sus pacientes, Pablo se lava _____ (3) manos. Él también le enseña _____ (4) inglés a la gente del barrio. _____ (5) inglés es difícil, pero _____ (6) personas que hablan _____ (7) inglés y _____ (8) español tienen más oportunidades de trabajo.

III. Todos creen que son expertos en la salud. Complete las siguientes recomendaciones con la forma correcta del verbo apropiado. Use el subjuntivo.

   1. Tú me aconsejas que (descansar / dibujar) _____ mucho.

   2. Yo te aconsejo que (fumar / dormir) _____ más.

   3. Manuel nos recomienda que (tomar / tocar) _____ vitaminas.

   4. Silvia les aconseja a sus amigas que (comer / vender) _____ más fruta.

   5. Yo le recomiendo a usted que (mirar / hacer) _____ más ejercicios.

Holt, Rinehart and Winston   PRUEBAS (Chapter Quizzes) | 61

IV. Describa lo que pasa en los siguientes dibujos. Use el subjuntivo o el indicativo, según corresponda. Añada la información adicional necesaria.

1. 2. 3.

Inés / alegrarse   el doctor / creer   Luis / dudar

1. _____
2. _____
3. _____

V. **¡Pobre Aurora!** Complete el diálogo entre Aurora y la Dra. Piñeira.

En un consultorio

DOCTORA: ¿Qué te duele?

AURORA: _____.

DOCTORA: ¿Qué síntomas (*symptoms*) tienes?

AURORA: _____.

DOCTORA: (*Después de examinarla.*) Creo que tienes la gripe.

AURORA: ¿Qué recomienda usted?

DOCTORA: _____.

AURORA: Doctora, muchas gracias por su ayuda.

¡PUNTOS EXTRAS! Complete las frases con la información apropiada.

1. Un poeta cubano muy famoso es _____.

2. En Miami viven muchos exiliados políticos; la mayor parte son de Cuba, pero también hay muchos de _____.

Nombre _____ Fecha _____ Sección _____

Capítulo 14
Prueba A

I. Su instructor(a) le va a hacer cinco preguntas. Contéstelas con frases completas en español.

1. _____
2. _____
3. _____
4. _____
5. _____

II. Usted y sus amigos hacen predicciones (*predictions*) sobre su vida después de terminar sus estudios. Escriba oraciones completas con el futuro de los verbos entre paréntesis.

1. yo / vivir _____ .
2. tú / casarte _____ .
3. Pablo / ser _____ .
4. nosotros / viajar _____ .
5. ustedes / trabajar _____ .

III. Conteste las siguientes preguntas con frases completas en español. Use el condicional.

1. ¿Dónde te gustaría vivir? ¿Por qué? _____
   _____

2. ¿Qué harían tus padres con 55.000 dólares? _____
   _____

3. ¿Qué podrían hacer tú y tus amigos en Latinoamérica? _____
   _____

4. ¿Qué persona famosa te gustaría conocer? ¿Por qué? _____
   _____

IV ¿Qué están haciendo... ? Llene los siguientes espacios con el presente progresivo de verbos apropiados para completar las frases de manera lógica.

1. Mis amigas _____ en la playa.

2. Cristóbal _____ en la biblioteca.

3. Rosa y su novio _____ en el restaurante.

4. Tú _____ en el gimnasio (*gym*).

5. Nosotras _____ en la tienda.

V. Conteste las siguientes preguntas con oraciones completas en español. Si es necesario, use su imaginación.

1. ¿Qué tipo de computadora usa usted?

   _____

2. ¿Qué tipo de programación usa?

   _____

3. ¿Qué CD-ROMs usa?

   _____

4. ¿Cuál es su dirección electrónica?

   _____

¡PUNTOS EXTRAS!   Complete las frases con la información apropiada.

1. _____ es la capital de Perú.

2. En Perú hay tres regiones distintas: la Costa, la Sierra y la _____ .

Nombre _____ Fecha _____ Sección _____

Capítulo 14
Prueba B

I. Usted va a escuchar primero un párrafo sobre el mundo del futuro y después cinco comentarios sobre el párrafo. Marque V (verdadero) o F (falso) según corresponda.

1. V / F 2. V / F 3. V / F 4. V / F 5. V / F

II. La vida en la tierra será muy diferente en el año 2334. Forme oraciones usando el futuro. Añada cualquier otra información que sea necesaria.

1. (descubrir) La gente _____.

2. (tener) Nosotros _____.

3. (haber) No _____.

4. (poder) Tú _____.

5. (viajar) Yo _____.

III. ¿Qué haría usted en el lugar de Raúl? Raúl heredó (inherited) cien mil dólares de una tía rica y lo gastó (spent) todo comprándose una casa de verano en Lima. Escriba cuatro oraciones usando cuatro verbos diferentes y diga lo qué haría usted con cien mil dólares: por ejemplo, ¿qué compraría? ¿adónde iría?

1. _____
2. _____
3. _____
4. _____

IV. ¿Qué están haciendo estas personas? Mire los dibujos y complete de forma lógica las frases que siguen. Use el presente progresivo en sus descripciones.

1. 2.  3.

1. Los Sres. López _____ .

2. La Srta. Blanco _____ .

3. La vendedora _____ .

V. Marina habla de las cosas que hizo en el laboratorio de computadoras anoche. Complete el párrafo lógicamente, usando las siguientes frases. Use el pretérito de los verbos.

recorrer la Red   enviar por fax   enviar por correo electrónico
salir del sistema   imprimir

Anoche le _____ una nota a una amiga describiéndole el

baile del sábado. Despúes le _____ una foto para que viera

mi vestido. Luego _____ para buscar información sobre los

incas. Encontré dos artículos muy buenos, los _____ y

_____ .

¡PUNTOS EXTRAS!   Complete las oraciones con la información apropiada.

1. La moneda de Perú se llama _____ .

2. Los _____ son las montañas que

cruzan Perú y otros países como Colombia, Chile y Ecuador.

Nombre _____ Fecha _____ Sección _____

Capítulo 15
Prueba A

I. Su instructor(a) le va a hacer cinco preguntas. Contéstelas con frases completas en español.

1. _____
2. _____
3. _____
4. _____
5. _____

II. Ramón busca novia. Complete las oraciones que siguen, añadiendo la información apropiada. Tenga cuidado con el uso del indicativo y del subjuntivo.

1. Ramón busca una chica que _____ .

2. En sus clases no hay ninguna chica que _____ .

3. En su barrio hay algunas chicas que _____ .

4. Le gusta la chica que _____ .

5. Prefiere salir con una chica que _____ .

III. Ramón ya tiene novia; se llama Silvia. Complete las siguientes oraciones con la forma correcta del verbo entre paréntesis. Tenga cuidado con el uso del indicativo y del subjuntivo.

1. Silvia siempre se pone contenta cuando Ramón la _____ (llamar).

2. Los dos irán a Pilar tan pronto como _____ (tener) vacaciones.

3. Van a la fiesta de José con tal que _____ (ir) nosotros también.

4. A veces Silvia sale con otros chicos sin que Ramón lo _____ (saber).

5. A Ramón le dio mucha rabia cuando lo _____ (saber).

IV. Complete el siguiente diálogo llenando los espacios con la forma correcta de las expresiones que siguen.

acabar de invitar   tener que comprar   haber que ir   al recibir

ADA: ¿Vas al baile esta noche?

ISA: Sí, (yo) _____ a Pablo. Él se sorprendió mucho _____ mi invitación…

ADA: ¿Realmente… ? Entonces, ¿quieres ir de compras?

ISA: Sí, _____ un vestido elegante y zapatos negros. Además, ¡_____ a la peluquería (*hairdresser's*)… !

V. Describa cómo se sienten los amigos de Ramón y Silvia.

1. Felipe acaba de ganar la lotería. _____ .

2. Magdalena está llorando. _____ .

3. José Luis está solo en casa por la noche y oye ruidos extraños (*strange*). _____ .

4. Le presentaron un trofeo (*trophy*) de tenis a Elena. _____ .

5. Alicia vio a su novio besando a Silvia. _____ .

¡PUNTOS EXTRAS!   Complete las oraciones con la información apropiada.

1. _____ es la capital de Paraguay.

2. En Paraguay se habla _____ y _____ .

Nombre _____ Fecha _____ Sección _____

Capítulo 15
Prueba B

I. Su instructor(a) va a leer un párrafo sobre Arturo y Mariela. Después va a leer cinco frases incompletas. Complételas marcando con un círculo las palabras o frases más apropiadas.

1. feliz / enojado / avergonzado

2. peor / mayor / mejor

3. frustrada / avergonzada / deprimida

4. abraza / sale / ríe

5. una boda / una cita / un concierto

II. Juan nunca está contento con lo que (*what*) tiene. Complete las oraciones marcando con un círculo la forma correcta del verbo entre paréntesis. Tenga cuidado con el uso del indicativo y del subjuntivo.

1. Tengo una casa que (es / sea) demasiado pequeña.

2. Necesito un trabajo que (paga / pague) mejor.

3. Conozco a una persona que (tiene / tenga) un Rolls Royce.

4. Tengo ganas de salir con una chica que (gana / gane) mucho dinero.

5. ¿Hay alguien que (quiere / quiera) presentarme a una mujer rica?

III. La Sra. Otero le habla a Pepito, su hijo de diez años. Complete las oraciones que siguen. Tenga cuidado con el uso del indicativo y del subjuntivo.

1. No puedes jugar con tus amigos a menos que _____ .

2. Haz la tarea antes de que _____ .

3. Siempre me alegro cuando tú _____ .

4. Te voy a llevar al parque tan pronto como _____ .

5. No le digo a tu papá que rompiste la ventana hasta que _____ .

IV. **Una conversación con un amigo.** Conteste las siguientes preguntas marcando con un círculo la letra de la respuesta mas apropiada.

1. ¿Irás a la fiesta?
   a. Sí, acabo de volver a casa.
   b. No, tengo que trabajar.
   c. Sí, puedo bailar.

2. ¿Supiste la noticia?
   a. No tuve tiempo de estudiar.
   b. Estaba cantando.
   c. Acabo de escucharla por radio.

3. ¿Llamarás a Elena?
   a. Sí, la llamé anoche.
   b. Sí, voy a llamarla al llegar a casa.
   c. Sí, voy a cantarle esta noche.

V. ¿Cómo se sienten estas personas? ¿Cómo están? Mire los dibujos que siguen y forme oraciones que describan a las personas. Añada la adicional información apropiada.

1. Alberto _____

2. El cliente _____

3. La Sra. Cantú _____

4. El Sr. Padilla _____

¡PUNTOS EXTRAS! Complete las oraciones con la información apropiada.

1. La capital de Uruguay es _____ .

2. La capital de Paraguay es _____ .

Nombre _____ Fecha _____ Sección _____

Capítulo 16
Prueba A

I. Su instructor(a) le va a hacer cinco preguntas. Contéstelas con frases completas en español.

1. _____
2. _____
3. _____
4. _____
5. _____

II. Los padres de Diego están preocupados porque él se fue a vivir solo a Caracas. Complete las frases que siguen para reconstruir los consejos de ellos. Use el imperfecto del subjuntivo y añada la adicional información necesaria.

1. (levantarse) Le aconsejaron que _____.

2. (fumar) No querían que Diego _____.

3. (salir) Le pidieron que no _____.

4. (ir) No les gustaba que _____.

5. (trabajar) Le recomendaron que _____.

III. Complete de manera lógica las frases (cláusulas con *si*) que siguen.

1. Si mañana fuera mi cumpleaños, _____.

2. Si Antonia estuviera en Caracas, _____.

3. Si tú ves a tus amigos, _____.

4. Si nosotros tenemos sed, _____.

5. Si ustedes tuvieran 15.000 dólares, _____.

IV. **¡Pobre Marta!** Marque con un círculo la preposición correcta.

1. Marta está enferma y yo trabajo (por / para) ella (por / para) la tarde.

2. Ahora voy a la farmacia (por / para) medicina (por / para) Marta.

3. La pobre chica tiene que quedarse en la cama (por / para) una semana.

Holt, Rinehart and Winston   PRUEBAS (Chapter Quizzes) | 71

V. ¿Qué va usted a hacer en estos lugares? Conteste lógicamente según el modelo.

MODELO en el almacén
Voy a comprar verduras y queso.

1. en el mercado

_____

2. en la panadería

_____

3. en la mueblería

_____

4. en el banco

_____

¡PUNTOS EXTRAS! Complete las oraciones con la información apropiada.

1. _____ es la capital de Venezuela.

2. El Salto _____ es el salto de agua más alto del mundo.

Nombre _____ Fecha _____ Sección _____

Capítulo 16
Prueba B

I. Usted va a escuchar un párrafo sobre Venezuela y después cinco comentarios sobre el párrafo. Marque con un círculo V (verdadero) o F (falso), según corresponda.

1. V / F   2. V / F   3. V / F   4. V / F   5. V / F

II. Consuelo está preocupada porque su sobrina Raquel va a pasar el verano trabajando en Caracas, lejos de la familia. Complete las oraciones que siguen para reconstruir los consejos de Consuelo. Use el imperfecto del subjuntivo y añada la información necesaria.

1. (escribir) Le pidió que _____ .

2. (comer) Le aconsejó que _____ .

3. (vivir) No quería que Raquel _____ .

4. (cuidarse) Le recomendó que _____ .

5. (salir) Le pidió que no _____ .

III. Conteste las siguientes preguntas con oraciones completas en español. Tenga cuidado con las cláusulas con *si*.

1. ¿Qué haría si no tuviera dinero?

2. ¿Qué hará si no tiene clases mañana?

3. ¿Qué haría si fuera presidente de este país?

4. ¿Qué hace si está muy enfermo(-a)?

5. ¿Qué hará si recibe una "D" en esta prueba?

IV. Describa los dibujos que siguen. Use *por* o *para* según sea necesario.

1.

2.

3.

1. Raúl _____ .

2. Catalina _____ .

3. _____ .

V. **Composición.** Escriba un párrafo de seis (6) oraciones describiendo su vida como millonario(-a). Use el condicional.

Si yo fuera millonario(-a), _____

_____

_____

_____

_____

_____

¡PUNTOS EXTRAS! Complete las oraciones con la información apropiada.

1. _____ es la unidad monetaria de Venezuela.

2. Venezuela significa " _____ Venecia".

Nombre _____ Fecha _____ Sección _____

Capítulo suplementario
Prueba A

I. Su instructor(a) le va a hacer cinco preguntas. Contéstelas con frases completas en español.

1. _____
2. _____
3. _____
4. _____
5. _____

II. Conteste las preguntas con frases completas en español.

1. ¿Qué es lo más interesante de la vida universitaria?

   _____

2. ¿Qué es lo que menos le gusta de la ciudad donde vive?

   _____

3. ¿Qué es lo mejor de vivir en el campo?

   _____

III. **La mañana siguiente** (next). Usted y sus compañeros(-as) de cuarto están limpiando el apartamento después de una fiesta. Conteste las preguntas usando pronombres posesivos enfáticos.

MODELO ¿Son de Marcelo estas fotos?
Sí, son suyas.

1. ¿Son tuyas estas cintas?

   _____

2. ¿Son de Laura estos discos compactos?

   _____

3. ¿Es mío este refresco?

   _____

Holt, Rinehart and Winston · PRUEBAS (Chapter Quizzes) | 75

4. ¿Es de Armando esta gorra (*cap*)?

_____

IV. **Un viaje a Ecuador.** Complete las oraciones de su guía (*guide*) marcando con un círculo la letra de la forma verbal correcta que corresponde a la voz pasiva.

1. Quito _____ en 1534.

   a. fue fundada b. está fundada c. fundó

2. Las Islas Galápagos _____ por Charles Darwin en 1835.

   a. fue visitada b. fueron visitadas c. visitaron

V. **Carta a un(a) amigo(-a).** Un(a) amigo(-a) suyo(-a) de Ecuador va a venir a pasar un mes de vacaciones con usted. Como usted sabe que a él (ella) le encanta la naturaleza, decide llevarlo(-a) por unos días a su lugar favorito. Escríbale una carta de 6–8 oraciones describiéndole el lugar (cerca de un lago, en las montañas, en un bosque, cerca de la playa, etc.) y deseándole un buen viaje.

Querido(-a) _____ :

_____

_____

_____

_____

_____

_____

_____

_____

Un abrazo,

_____

¡PUNTOS EXTRAS! Llene los espacios con la información apropiada.

1. _____ es la unidad monetaria de Ecuador.

2. Ecuador se llama así porque _____

   cruza (*crosses*) el norte del país.

Nombre _____ Fecha _____ Sección _____

Capítulo suplementario
Prueba B

I. Su instructor(a) le va a leer un párrafo sobre Otavalo, se donde venden tejidos (*weavings*) y otros artículos tradicionales. Después va a leer unas frases incompletas. Complételas marcando con un círculo las palabras o frases más apropiadas.

1. en las montañas / al sur de Quito / en la Costa

2. artículos hechos a máquina (*machine*) / ponchos, suéteres, etc. / libros y papel

3. maya / quechua / náhuatl

4. francés / inglés / español

5. todos los domingos / todos los sábados / todos los viernes

II. Escriba oraciones cortas diciendo lo bueno o lo malo de las siguientes cosas.

MODELO ¿de la primavera?
Lo bueno de la primavera son las flores.

1. ¿de la playa? _____

2. ¿del invierno? _____

3. ¿de la universidad? _____

III. **Una familia desorganizada** (*disorganized*). Usted y su familia se preparan para subir al avión después de un viaje a Quito. Conteste las siguientes preguntas usando pronombres posesivos enfáticos.

MODELO ¿Son de Ramón estas fotos?
Sí, son suyas.

1. ¿Son tuyas estas maletas?

_____

2. ¿Son de María Teresa estos regalos?

_____

3. ¿Es de Mamá este pasaporte?

_____

4. ¿Es mía esta cámara?

_____

IV. **En la clase de historia.** Complete las oraciones que siguen marcando con un círculo la letra de la forma verbal correcta que corresponde a la voz pasiva.

1. La ciudad de Quito _____ por Sebastián de Benalcázar en 1534.

   a. estuvo fundada   b. fundó   c. fue fundada

2. La ciudad de Cuzco _____ por los incas en el siglo XI.

   a. está construida   b. construyeron   c. fue construida

V. Mire los siguientes dibujos y complete las frases correspondientes usando la voz pasiva para describir lo que (*what*) usted vio o escuchó ayer.

MODELO   **El cuadro fue pintado por Mario.**

1.   2.   3.   4.

1. Las canciones _____.

2. La ventana _____.

3. El café _____.

4. La cena y el postre _____.

¡PUNTOS EXTRAS! Complete las oraciones con la información apropiada.

1. _____ es la capital de Ecuador.

2. El Archipiélago de Colón se conoce hoy día como _____

_____.

LECTURAS
(READING COMPREHENSION TESTS/EXERCISES)

Nombre _____ Fecha _____ Sección _____

Capítulo preliminar
Lectura A

Tarjeta postal. Jorge has written a postcard to his friend Luisa. Read the postcard and then answer the questions below in English.

> *¡Hola Luisa!*
> *¿Cómo estás? Yo estoy muy mal. Mi clase de historia es* (is) *horrible. El profesor se llama Luigi Contini. Es italiano, de Roma. Pero mi clase de inglés es excelente. La profesora Allen es muy buena. Y ahora... ¡al laboratorio a practicar* (to practice) *español!*
>
> *Adiós,*
> *Jorge*

1. How does Jorge feel? Why?

   _____
   _____

2. What is his history teacher's name?

   _____

3. What is his English class like?

   _____

4. Is Jorge's English teacher a man or a woman?

   _____

5. What does Jorge have to do now?

   _____

Holt, Rinehart and Winston   LECTURAS (Reading Comprehension Tests/Exercises)

Capítulo preliminar
Lectura B

Tarjeta postal. Jorge has written a postcard to his friend Luisa. Read the postcard and then answer the multiple-choice questions below by circling the letter of the correct answer.

> *¡Hola Luisa!*
> *¿Cómo estás? Yo estoy muy mal. Mi clase de historia es* (is) *horrible. El profesor se llama Luigi Contini. Es italiano, de Roma. Pero mi clase de inglés es excelente. La profesora Allen es muy buena. Y ahora... ¡al laboratorio a practicar* (to practice) *español!*
>
> *Adiós,*
> *Jorge*

1. Jorge feels
    a. very well.
    b. glad to meet Luisa.
    c. very bad.

2. Jorge's history class is
    a. excellent.
    b. horrible.
    c. good.

3. Jorge's English class is
    a. excellent.
    b. horrible.
    c. good.

4. Jorge's English teacher is
    a. Luigi Contini.
    b. Professor Allen.
    c. Professor Roma.

5. Jorge has to
    a. go to English class.
    b. talk to Professor Contini.
    c. go to the language laboratory.

Nombre _____ Fecha _____ Sección _____

Capítulo 1
Lectura A

En Madrid, capital de España. Read the following paragraph about Madrid and then answer the questions below in English.

Muchos norteamericanos desean viajar a España y generalmente (*generally*) pasan tres o cuatro días en Madrid, la capital. En Madrid hay muchos museos y parques. Un museo de arte muy importante y famoso es el Museo del Prado. Allí hay cuadros (*paintings*) de muchos pintores clásicos: de El Greco, de Velázquez, de Goya... Al lado del Prado está el Casón del Buen Retiro, con el famoso cuadro de Picasso, "Guernica". Los turistas norteamericanos también visitan el Palacio de Oriente, antiguamente (*formerly*) la casa de los reyes (*kings and queens*) de España, y ahora museo y palacio para ocasiones formales.

1. What is the capital of Spain?

   _____

2. What places do North American tourists typically visit there?

   _____

   _____

3. What famous painter's works are in the Prado Museum?

   _____

4. What was the *Palacio de Oriente* used for in the past?

   _____

5. How is it used today?

   _____

Capítulo 1
Lectura B

En Madrid, capital de España. Read the following paragraph about Madrid and then answer the multiple-choice questions below by circling the letter of the correct answer.

Muchos norteamericanos desean viajar a España y generalmente (*generally*) pasan tres o cuatro días en Madrid, la capital. En Madrid hay muchos museos y parques. Un museo de arte muy importante y famoso es el Museo del Prado. Allí hay cuadros (*paintings*) de muchos pintores clásicos: de El Greco, de Velázquez, de Goya... Al lado del Prado está el Casón del Buen Retiro, con el famoso cuadro de Picasso, "Guernica". Los turistas norteamericanos también visitan el Palacio de Oriente, antiguamente (*formerly*) la casa de los reyes (*kings and queens*) de España, y ahora museo y palacio para ocasiones formales.

1. In Madrid many North American tourists visit
   a. museums and parks.
   b. the king and queen of Spain.
   c. for five or six days.

2. In the *Prado* you can see
   a. paintings by Picasso.
   b. paintings by Goya.
   c. "Guernica".

3. At the *Casón del Buen Retiro* you can see
   a. the *Palacio de Oriente*.
   b. El Greco.
   c. "Guernica".

4. Today the *Palacio de Oriente* is used as
   a. a royal residence.
   b. a retirement home.
   c. a museum.

5. Which of the following is a classical Spanish painter?
   a. Picasso
   b. El Greco
   c. Guernica

Nombre _____ Fecha _____ Sección _____

Capítulo 2
Lectura A

El París de Sudamérica. Read the following paragraph about Buenos Aires and then answer the questions below in English.

Para muchos, Buenos Aires es "el París de Sudamérica". ¿Por qué? Porque es una ciudad moderna y cosmopolita. La Calle Florida, por ejemplo, es muy popular entre los turistas porque allí hay muchas tiendas (*shops*) elegantes. En la Avenida Corrientes hay muchos teatros, restaurantes y cafés. Un teatro muy grande y famoso es el Teatro Colón. Los conciertos y las óperas del Teatro Colón son muy populares. Buenos Aires también es una ciudad histórica. La Plaza de Mayo está en el centro de la ciudad y allí comenzó (*began*) el movimiento de independencia. En la Plaza de Mayo están la Catedral, de estilo colonial, y "La Casa Rosada", que es el palacio del Presidente de la República.

1. Why is Buenos Aires often compared to Paris?

2. Where can tourists find elegant shops?

3. What does the *Avenida Corrientes* have to offer?

4. What can you see at the *Teatro Colón*?

5. Where did the Argentinian independence movement begin?

Capítulo 2
Lectura B

El París de Sudamérica. Read the following paragraph about Buenos Aires and then answer the multiple-choice questions below by circling the letter of the correct answer.

Para muchos, Buenos Aires es "el París de Sudamérica". ¿Por qué? Porque es una ciudad moderna y cosmopolita. La Calle Florida, por ejemplo, es muy popular entre los turistas porque allí hay muchas tiendas (*shops*) elegantes. En la Avenida Corrientes hay muchos teatros, restaurantes y cafés. Un teatro muy grande y famoso es el Teatro Colón. Los conciertos y las óperas del Teatro Colón son muy populares. Buenos Aires también es una ciudad histórica. La Plaza de Mayo está en el centro de la ciudad y allí comenzó (*began*) el movimiento de independencia. En la Plaza de Mayo están la Catedral, de estilo colonial, y "La Casa Rosada", que es el palacio del Presidente de la República.

1. Buenos Aires is often compared to Paris because it is
    a. a cosmopolitan city.
    b. Argentina's capital.
    c. Argentina's biggest city.

2. On *Avenida Corrientes* tourists visit
    a. the *Plaza de Mayo*.
    b. elegant shops.
    c. cafés.

3. At the *Teatro Colón* you can see
    a. modern paintings.
    b. concerts and operas.
    c. a historical building.

4. Buenos Aires is
    a. modern.
    b. historic.
    c. both modern and historic.

5. The Argentinian independence movement began
    a. in the Cathedral.
    b. in the *Plaza de Mayo*.
    c. in the *Casa Rosada*.

Nombre _____ Fecha _____ Sección _____

Capítulo 3
Lectura A

La UNAM. Read the following paragraph about the National University of Mexico and then answer the questions below in English.

La Universidad Nacional Autónoma de México (UNAM) es una universidad muy importante en Latinoamérica. En la UNAM hay edificios (*buildings*) de arquitectura moderna como la biblioteca, por ejemplo. La biblioteca tiene diez pisos (*floors*) y en las paredes exteriores hay mosaicos que describen la historia de México. También allí está el Estadio Olímpico. Aunque (*Although*) la UNAM tiene edificios nuevos, es una universidad muy vieja. Se fundó (*It was founded*) ochenta y cinco años antes de (*before*) Harvard. Y, como Harvard, es una universidad muy buena. Allí es posible estudiar antropología, ciencias políticas, ingeniería, matemáticas, literatura y muchas carreras (*careers*) más.

1. What is the UNAM?

   _____

2. How is the library decorated?

   _____

3. What other important building is located there?

   _____

4. Was the UNAM founded before or after Harvard?

   _____

5. What fields of study can one pursue at the UNAM?

   _____

Capítulo 3
Lectura B

La UNAM. Read the following paragraph about the National University of Mexico and then answer the multiple-choice questions below by circling the letter of the correct answer.

La Universidad Nacional Autónoma de México (UNAM) es una universidad muy importante en Latinoamérica. En la UNAM hay edificios (*buildings*) de arquitectura moderna como la biblioteca, por ejemplo. La biblioteca tiene diez pisos (*floors*) y en las paredes exteriores hay mosaicos que describen la historia de México. También allí está el Estadio Olímpico. Aunque (*Although*) la UNAM tiene edificios nuevos, es una universidad muy vieja. Se fundó (*It was founded*) ochenta y cinco años antes de (*before*) Harvard. Y, como Harvard, es una universidad muy buena. Allí es posible estudiar antropología, ciencias políticas, ingeniería, matemáticas, literatura y muchas carreras (*careers*) más.

1. The UNAM is
    a. a library.
    b. a university.
    c. a stadium.

2. There are mosaics
    a. on the outside of the library.
    b. at the Olympic Stadium.
    c. at Harvard.

3. The mosaics describe
    a. different careers.
    b. the history of Mexico.
    c. student life.

4. The UNAM is
    a. very new.
    b. very old.
    c. very exclusive.

5. The UNAM was founded
    a. after Harvard.
    b. the same year as Harvard.
    c. before Harvard.

Capítulo 4
Lectura A

Isabel Allende. Read the following paragraph about author Isabel Allende and then answer the questions below in English.

La casa de los espíritus es una famosa novela de la autora chilena Isabel Allende. Es una alegoría de la historia de América Latina que la autora empezó (*began*) a escribir el 8 de enero de 1981 en Venezuela, donde vivía (*was living*) exiliada (*exiled*) por el régimen brutal del general Augusto Pinochet. La película *The House of the Spirits* es una adaptación de esa (*that*) novela. En la película trabajan muchos artistas famosos como Antonio Banderas, Jeremy Irons, Vanessa Redgrave, Winona Ryder y Meryl Streep. Allende siempre comienza un libro nuevo el 8 de enero. «No creo en la inspiración», dice Allende. «Creo en el trabajo.»

1. What is *La casa de los espíritus*?

2. What is Isabel Allende's nationality?

3. Where did Allende begin *La casa de los espíritus*?

4. What is *The House of the Spirits*?

5. What does Allende always do on the 8th of January?

Capítulo 4
Lectura B

Isabel Allende. Read the following paragraph about Isabel Allende and then answer the multiple-choice questions below by circling the letter of the correct answer.

La casa de los espíritus es una famosa novela de la autora chilena Isabel Allende. Es una alegoría de la historia de América Latina que la autora empezó (*began*) a escribir el 8 de enero de 1981 en Venezuela, donde vivía (*was living*) exiliada (*exiled*) por el régimen brutal del general Augusto Pinochet. La película *The House of the Spirits* es una adaptación de esa (*that*) novela. En la película trabajan muchos artistas famosos como Antonio Banderas, Jeremy Irons, Vanessa Redgrave, Winona Ryder y Meryl Streep. Allende siempre comienza un libro nuevo el 8 de enero. «No creo en la inspiración», dice Allende. «Creo en el trabajo.»

1. Isabel Allende is
    a. an actress.
    b. a novelist.
    c. a history teacher.

2. Allende is
    a. Chilean.
    b. Venezuelan.
    c. Argentinian.

3. *La casa de los espíritus* is
    a. a poem.
    b. a novel.
    c. a haunted house.

4. Allende wrote *La casa de los espíritus* in
    a. Argentina.
    b. Chile.
    c. Venezuela.

5. Allende believes in
    a. hard work.
    b. inspiration.
    c. astrology.

Nombre _____ Fecha _____ Sección _____

Capítulo 5
Lectura A

Los puertorriqueños en Estados Unidos. Read the following paragraph and then answer the questions below in English.

Hay muchos puertorriqueños en Estados Unidos. Generalmente viven en centros urbanos como Nueva York, Filadelfia, Chicago y Boston. ¡Hay más (*more*) puertorriqueños en la ciudad de Nueva York que en San Juan, la capital de Puerto Rico! ¿Por qué vienen aquí? Vienen aquí porque necesitan trabajo. Muchos puertorriqueños piensan regresar a la isla (*island*) después de ganar (*earn*) bastante dinero. Algunos puertorriqueños tienen problemas cuando llegan. En las ciudades como Nueva York hay mucha pobreza, crimen, desempleo y contaminación del aire. No es fácil conseguir (*to get*) trabajo. También hay discriminación contra los puertorriqueños. Sin embargo (*Nevertheless*), algunos puertorriqueños tienen empleos muy buenos. Muchos son profesionales: doctores, abogados, profesores, ingenieros, etc.

1. In what areas of the United States do most Puerto Ricans live?
   _____

2. Why do Puerto Ricans come to the United States?
   _____

3. What do many Puerto Ricans plan to do in the future?
   _____

4. What problems do Puerto Ricans encounter in the United States?
   _____

5. What evidence is there of Puerto Ricans' success in the United States?
   _____

Capítulo 5
Lectura B

Los puertorriqueños en Estados Unidos. Read the following paragraph and then answer the multiple-choice questions below by circling the letter of the correct answer.

Hay muchos puertorriqueños en Estados Unidos. Generalmente viven en centros urbanos como Nueva York, Filadelfia, Chicago y Boston. ¡Hay más (*more*) puertorriqueños en la ciudad de Nueva York que en San Juan, la capital de Puerto Rico! ¿Por qué vienen aquí? Vienen aquí porque necesitan trabajo. Muchos puertorriqueños piensan regresar a la isla (*island*) después de ganar (*earn*) bastante dinero. Algunos puertorriqueños tienen problemas cuando llegan. En las ciudades como Nueva York hay mucha pobroza, crimen, desempleo y contaminación del aire. No es fácil conseguir (*to get*) trabajo. También hay discriminación contra los puertorriqueños. Sin embargo (*Nevertheless*), algunos puertorriqueños tienen empleos muy buenos. Muchos son profesionales: doctores, abogados, profesores, ingenieros, etc.

1. Generally, Puerto Ricans in the United States live
   a. in the country.
   b. in small towns.
   c. in big cities.

2. In general, Puerto Ricans come to the United States
   a. because they don't like Puerto Rico.
   b. to work.
   c. to become United States citizens.

3. Many Puerto Ricans in the United States plan to
   a. stay in the United States.
   b. move to Cuba.
   c. return to Puerto Rico.

4. In New York there are
   a. as many Puerto Ricans as in San Juan.
   b. more Puerto Ricans than in San Juan.
   c. fewer Puerto Ricans than in San Juan.

5. In the United States, Puerto Ricans encounter
   a. discrimination.
   b. immigration problems.
   c. no problems at all.

Nombre _____ Fecha _____ Sección _____

Capítulo 6
Lectura A

Las diversiones en el mundo hispánico. Read the following paragraph about Hispanic pastimes and then answer the questions below in English.

¿Cuáles son las diversiones favoritas de los hispanos? Bueno, muchos bailan... en discotecas, en bailes y en las fiestas. Dos bailes muy populares son el tango, que es de Argentina, y la cumbia, un baile muy popular en Colombia y Venezuela. También mucha gente va al cine. En España, hay clubes especiales para ver películas. Muchos jóvenes hispanos cantan canciones folklóricas y tocan la guitarra. Otra diversión o pasatiempo muy común es el paseo. En muchos lugares la gente sale a dar un paseo los fines de semana y también camina (*walk*) por el parque o por las calles después del almuerzo o antes de la cena.

1. Where did the tango originate?
   _____

2. What is the *cumbia*? Where is it popular?
   _____

3. What kind of clubs can one find in Spain?
   _____

4. What do many young people do?
   _____

5. Where do people stroll?
   _____

Capítulo 6
Lectura B

Las diversiones en el mundo hispánico. Read the following paragraph about Hispanic pastimes and then answer the multiple-choice questions below by circling the letter of the correct answer.

¿Cuáles son las diversiones favoritas de los hispanos? Bueno, muchos bailan... en discotecas, en bailes y en las fiestas. Dos bailes muy populares son el tango, que es de Argentina, y la cumbia, un baile muy popular en Colombia y Venezuela. También mucha gente va al cine. En España, hay clubes especiales para ver películas. Muchos jóvenes hispanos cantan canciones folklóricas y tocan la guitarra. Otra diversión o pasatiempo muy común es el paseo. En muchos lugares la gente sale a dar un paseo los fines de semana y también camina (*walk*) por el parque o por las calles después del almuerzo o antes de la cena.

1. The tango originated in
    a. Venezuela.
    b. Argentina.
    c. Colombia.

2. The *cumbia* is very popular in
    a. Colombia.
    b. Argentina.
    c. Spain.

3. In Spain, there are special clubs for
    a. playing the guitar and singing.
    b. dancing.
    c. watching movies.

4. Many young people
    a. sing folk songs.
    b. dance the tango.
    c. go for a stroll on weekends.

5. People take walks
    a. before lunch.
    b. after breakfast.
    c. before dinner.

Capítulo 7
Lectura A

Un viaje a Barcelona. Read the following paragraph about Heather's trip to Barcelona and then answer the questions below in English.

Cuando estudié en España el año pasado, visité Barcelona con los Solé, "mi familia" española. Nos quedamos en un hotel cerca de Las Ramblas. Visitamos muchos lugares famosos como el Templo de la Sagrada Familia, la Catedral y el monumento a Cristóbal Colón. Sacamos muchas fotos. A pedido de (*At the request of*) las dos hijas más pequeñas de los Solé, también visitamos el parque Güell y un parque de diversiones en el Monte Tibidabo. Nos divertimos mucho, pero llegamos a casa muy cansados.

1. When did Heather visit Barcelona?

2. With whom did she go?

3. Where did they stay?

4. What places did they visit?

5. What did the two youngest daughters want to visit on *Monte Tibidabo*?

Capítulo 7
Lectura B

Un viaje a Barcelona. Read the following paragraph about Heather's trip to Barcelona and then answer the multiple-choice questions below by circling the letter of the correct answer.

Cuando estudié en España el año pasado, visité Barcelona con los Solé, "mi familia" española. Nos quedamos en un hotel cerca de Las Ramblas. Visitamos muchos lugares famosos como el Templo de la Sagrada Familia, la Catedral y el monumento a Cristóbal Colón. Sacamos muchas fotos. A pedido de (*At the request of*) las dos hijas más pequeñas de los Solé, también visitamos el parque Güell y un parque de diversiones en el Monte Tibidabo. Nos divertimos mucho, pero llegamos a casa muy cansados.

1. Heather went to Spain
    a. to work in a hotel.
    b. to study.
    c. to visit relatives.

2. She visited Barcelona with
    a. her Spanish host family.
    b. her family.
    c. Cristóbal Colón.

3. The two youngest daughters wanted to
    a. see the cathedral.
    b. go home.
    c. visit an amusement park.

4. During their visit they
    a. stayed at a hotel called *Las Ramblas*.
    b. took a lot of pictures.
    c. had a terrible time.

5. When they got home they were
    a. happy.
    b. rested.
    c. tired.

Nombre _____ Fecha _____ Sección _____

Capítulo 8
Lectura A

Los mexicano-americanos. Read the following paragraph about Mexican-Americans and then answer the questions below in English.

Los mexicano-americanos son el grupo hispano más grande de Estados Unidos. Ellos viven generalmente en Tejas, California, Illinois y los estados del suroeste (*Southwest*) como Nuevo México y Arizona. Mucha gente cree que todos los mexicano-americanos vinieron ilegalmente a Estados Unidos. Pero muchos son descendientes de los españoles que colonizaron (*colonized*) el suroeste antes de la llegada (*arrival*) de los anglos. Así, los mexicano-americanos tienen una larga historia aquí. También hay muchos mexicano-americanos importantes en la política. Uno de los más famosos fue César Chávez, el fundador (*founder*) del United Farm Workers; murió en 1993. Otros son Toney Anaya, el ex gobernador de Nuevo México, y Henry Cisneros, ex alcalde (*mayor*) de San Antonio, Tejas, y ex miembro del gabinete (*cabinet*) del Presidente Clinton.

1. What is the largest Hispanic group in the United States?

   _____

2. Where do most Mexican-Americans live?

   _____

   _____

3. Why do Mexican-Americans have a long history in the United States?

   _____

   _____

4. What did César Chávez do?

   _____

5. Who are Toney Anaya and Henry Cisneros?

   _____

   _____

Capítulo 8
Lectura B

Los mexicano-americanos. Read the following paragraph about Mexican-Americans and then answer the multiple-choice questions below by circling the letter of the correct answer.

Los mexicano-americanos son el grupo hispano más grande de Estados Unidos. Ellos viven generalmente en Tejas, California, Illinois y los estados del suroeste (*Southwest*) como Nuevo México y Arizona. Mucha gente cree que todos los mexicano-americanos vinieron ilegalmente a Estados Unidos. Pero muchos son descendientes de los españoles que colonizaron (*colonized*) el suroeste antes de la llegada (*arrival*) de los anglos. Así, los mexicano-americanos tienen una larga historia aquí. También hay muchos mexicano-americanos importantes en la política. Uno de los más famosos fue César Chávez, el fundador (*founder*) del United Farm Workers; murió en 1993. Otros son Toney Anaya, el ex gobernador de Nuevo México, y Henry Cisneros, ex alcalde (*mayor*) de San Antonio, Tejas, y ex miembro del gabinete (*cabinet*) del Presidente Clinton.

1. The largest Hispanic group in the United States is that of the
    a. Puerto Ricans.
    b. Mexican-Americans.
    c. Spaniards.

2. The first to arrive in the southwestern states were
    a. the Anglos.
    b. the Spanish.
    c. Texans.

3. César Chávez was
    a. the governor of New Mexico.
    b. the founder of the United Farm Workers.
    c. the mayor of San Antonio.

4. Henry Cisneros is
    a. a union leader.
    b. a vice-president.
    c. a former cabinet member.

5. Toney Anaya is
    a. a former governor of New Mexico.
    b. the mayor of San Antonio.
    c. the founder of the United Farm Workers.

Nombre _____ Fecha _____ Sección _____

Capítulo 9
Lectura A

El Salvador. Read the following paragraph about Jorge's trip to El Salvador, and then answer the questions below in English.

> Hace tres meses fui a El Salvador con un compañero. El Salvador está en Centroamérica, entre Guatemala y Honduras. Vimos varias cosas interesantes. Primero visitamos San Salvador, la capital. Allí vimos el Palacio Nacional, la Catedral y el Parque Balboa. Mientras mi amigo sacaba fotos, yo fui a ver las plantas del Jardín Botánico. Después fuimos a San Juan Opico para ver Joya de Cerén, uno de los más recientes descubrimientos arqueológicos en El Salvador. Es una aldea (*village*) prehistórica. Sus restos (*remains*) muestran cómo era la vida de los campesinos centroamericanos hace catorce siglos. Finalmente, fuimos a ver los edificios coloniales en Chalchuapa. El Salvador nos gustó mucho. Yo pienso volver allí algún día, ¡tal vez el año próximo!

1. When did Jorge go to El Salvador, and with whom?

   _____

2. Where is El Salvador?

   _____

3. What is the capital of El Salvador?

   _____

4. What is *Joya de Cerén*?

   _____

5. What do its remains show?

   _____

Holt, Rinehart and Winston — LECTURAS (Reading Comprehension Tests/Exercises)

Capítulo 9
Lectura B

El Salvador. Read the following paragraph about Jorge's trip to El Salvador, and then answer the multiple-choice questions below by circling the letter of the correct answer.

Hace tres meses fui a El Salvador con un compañero. El Salvador está en Centroamérica, entre Guatemala y Honduras. Vimos varias cosas interesantes. Primero visitamos San Salvador, la capital. Allí vimos el Palacio Nacional, la Catedral y el Parque Balboa. Mientras mi amigo sacaba fotos, yo fui a ver las plantas del Jardín Botánico. Después fuimos a San Juan Opico para ver Joya de Cerén, uno de los más recientes descubrimientos arqueológicos en El Salvador. Es una aldea (*village*) prehistórica. Sus restos (*remains*) muestran cómo era la vida de los campesinos centroamericanos hace catorce siglos. Finalmente, fuimos a ver los edificios coloniales en Chalchuapa. El Salvador nos gustó mucho. Yo pienso volver allí algún día, ¡tal vez el año próximo!

1. Jorge and his friend went to El Salvador
    a. three weeks ago.
    b. three months ago.
    c. last year.

2. El Salvador is located
    a. between Guatemala and Honduras.
    b. east of Guatemala and Honduras.
    c. north of Guatemala and Honduras.

3. The capital of El Salvador is
    a. San Juan Opico.
    b. San Salvador.
    c. Chalchuapa.

4. *Joya de Cerén* is
    a. a colonial building.
    b. an archeologist.
    c. a prehistoric village.

5. Jorge and his friend went to Chalchuapa to see colonial
    a. towns.
    b. buildings.
    c. ruins.

Capítulo 10
Lectura A

Un viaje a México. Lea el siguiente pasaje sobre un viaje a México; luego conteste en inglés las preguntas que siguen.

Mis amigos Laura y Carlos visitaron México hace seis meses. Antes de salir para México fueron a la agencia de viajes y compraron dos pasajes de ida y vuelta. Sólo iban a quedarse allí dos semanas. Luego compraron cheques de viajero en el banco. Ya tenían los pasaportes con la visa necesaria para entrar a México. Primero fueron a la capital. Laura, que es profesora de literatura, asistió a varias funciones de teatro. Por las tardes, mientras ella trabajaba en la biblioteca, Carlos visitaba varios lugares de interés. En el Museo de Antropología vio obras aztecas y en el Palacio Nacional vio unos murales modernos de Diego Rivera. Les encantó todo: la historia de México, la comida y especialmente la gente.

1. How long were Laura and Carlos planning to stay in Mexico?

2. What kind of tickets did they buy?

3. What did Laura do in the afternoon?

4. Where did Carlos go?

5. How did they feel about their trip?

Capítulo 10
Lectura B

Un viaje a México. Lea el siguiente pasaje sobre un viaje a México; luego complete las frases que siguen marcando con un círculo la letra de las respuestas más apropiadas.

Mis amigos Laura y Carlos visitaron México hace seis meses. Antes de salir para México fueron a la agencia de viajes y compraron dos pasajes de ida y vuelta. Sólo iban a quedarse allí dos semanas. Luego compraron cheques de viajero en el banco. Ya tenían los pasaportes con la visa necesaria para entrar a México. Primero fueron a la capital. Laura, que es profesora de literatura, asistió a varias funciones de teatro. Por las tardes, mientras ella trabajaba en la biblioteca, Carlos visitaba varios lugares de interés. En el Museo de Antropología vio obras aztecas y en el Palacio Nacional vio unos murales modernos de Diego Rivera. Les encantó todo: la historia de México, la comida y especialmente la gente.

1. Laura and Carlos planned to stay in Mexico
    a. for six weeks.
    b. for two weeks.
    c. for six months.

2. Before leaving they
    a. bought round-trip tickets.
    b. got passports.
    c. went to the capital.

3. In the afternoon, Laura
    a. taught literature.
    b. attended some plays.
    c. worked in the library.

4. At the *Museo de Antropología,* Carlos saw
    a. Aztec artifacts.
    b. murals by Diego Rivera.
    c. plays.

5. Carlos and Laura especially liked
    a. the murals.
    b. the people.
    c. the plays.

Nombre _____ Fecha _____ Sección _____

Capítulo 11
Lectura A

Costa Rica, país sin ejército (*army*).   Lea el siguiente pasaje sobre Costa Rica; luego conteste en inglés las preguntas que siguen.

Costa Rica es un pequeño país centroamericano. Está situado entre Nicaragua y Panamá. Tiene dos costas: una en el Caribe y otra en el Pacífico. Sus productos principales son el café, el azúcar, las bananas, la carne y el cacao (*cocoa*). Un aspecto muy interesante de Costa Rica es que no tiene ejército. Como Estados Unidos, es un país democrático y tiene elecciones presidenciales cada cuatro años. En 1987 el presidente de Costa Rica, Óscar Arias, ganó el Premio Nóbel de la Paz por su plan para terminar las guerras en Nicaragua y en El Salvador.

1. Where is Costa Rica located?
   _____

2. What are its main products?
   _____

3. What does Costa Rica lack that most countries have?
   _____

4. What kind of government does Costa Rica have?
   _____

5. Who is Óscar Arias and why was he awarded the Nobel Peace Prize?
   _____

Capítulo 11
Lectura B

Costa Rica, país sin ejército (*army*). Lea el siguiente pasaje sobre Costa Rica; luego complete las frases que siguen marcando con un círculo la letra de las respuestas más apropiadas.

Costa Rica es un pequeño país centroamericano. Está situado entre Nicaragua y Panamá. Tiene dos costas: una en el Caribe y otra en el Pacífico. Sus productos principales son el café, el azúcar, las bananas, la carne y el cacao (*cocoa*). Un aspecto muy interesante de Costa Rica es que no tiene ejército. Como Estados Unidos, es un país democrático y tiene elecciones presidenciales cada cuatro años. En 1987 el presidente de Costa Rica, Óscar Arias, ganó el Premio Nóbel de la Paz por su plan para terminar las guerras en Nicaragua y en El Salvador.

1. Costa Rica is located in
    a. the Caribbean.
    b. Central America.
    c. South America.

2. Two of its main products are
    a. bananas and meat.
    b. chocolate and corn.
    c. tobacco and papayas.

3. Costa Rica doesn't have
    a. elections.
    b. an army.
    c. seacoasts.

4. Costa Rica is
    a. at war with Nicaragua and El Salvador.
    b. a military dictatorship.
    c. a democracy.

5. Óscar Arias won the Nobel Peace Prize for his plan to
    a. establish democracy in Costa Rica.
    b. end the wars in Nicaragua and El Salvador.
    c. end the fighting in Costa Rica.

Nombre _____ Fecha _____ Sección _____

Capítulo 12
Lectura A

La Navidad. Lea el siguiente pasaje sobre la Navidad; luego conteste en inglés las preguntas que siguen.

En Estados Unidos celebramos la Navidad el 25 de diciembre. Ese día, o la noche antes, los niños reciben regalos. Mucha gente va a la iglesia. Generalmente se hace una comida muy grande. Muchos comen pavo y postres, y muchas casas tienen un árbol de Navidad con adornos y luces (*lights*).

En España y Latinoamérica la Navidad es un poco diferente. Se hacen comidas grandes y la gente va a la iglesia como en Estados Unidos, pero los niños reciben la mayoría (*majority*) de sus regalos el 6 de enero. El árbol no es el adorno principal de la casa sino (*but rather*) un nacimiento (*Nativity scene*) con figuras de José, la Virgen María, el Niño Jesús, los Reyes Magos y varios animales. A veces los nacimientos son muy grandes y cubren toda la mesa. Los hispanos también comen muchos postres durante las fiestas. Los españoles, por ejemplo, comen turrón, un dulce de almendras (*almonds*) muy delicioso.

1. What holiday is being described in this reading?
   _____

2. What happens on this day or the night before in the United States?
   _____

3. What happens on January 6 in most Hispanic countries?
   _____

4. What is the most important decoration in most Hispanic homes this time of year?
   _____

5. What similarities are there between the way this holiday is celebrated in the United States and in Hispanic countries?
   _____

Capítulo 12
Lectura B

La Navidad. Lea el siguiente pasaje sobre la Navidad; luego complete las frases que siguen marcando con un círculo la letra de la respuesta más apropiadas.

En Estados Unidos celebramos la Navidad el 25 de diciembre. Ese día, o la noche antes, los niños reciben regalos. Mucha gente va a la iglesia. Generalmente se hace una comida muy grande. Muchos comen pavo y postres, y muchas casas tienen un árbol de Navidad con adornos y luces (*lights*).

En España y Latinoamérica la Navidad es un poco diferente. Se hacen comidas grandes y la gente va a la iglesia como en Estados Unidos, pero los niños reciben la mayoría (*majority*) de sus regalos el 6 de enero. El árbol no es el adorno principal de la casa sino (*but rather*) un nacimiento (*Nativity scene*) con figuras de José, la Virgen María, el Niño Jesús, los Reyes Magos y varios animales. A veces los nacimientos son muy grandes y cubren toda la mesa. Los hispanos también comen muchos postres durante las fiestas. Los españoles, por ejemplo, comen turrón, un dulce de almendras (*almonds*) muy delicioso.

1. On January 6, in most Hispanic countries, children
    a. eat turkey and dressing.
    b. take down the Christmas tree.
    c. receive presents.

2. At Christmas time, most Hispanics have in their house
    a. a Nativity scene.
    b. a Christmas tree.
    c. presents for the children.

3. Some of the figures in the Nativity scene represent
    a. children.
    b. animals.
    c. Santa Claus.

4. A typical Christmas treat in Spain is
    a. fudge.
    b. fruitcake.
    c. almond candy.

5. Christmas traditions in Hispanic countries and in the United States
    a. are similar in some ways.
    b. are completely different.
    c. are the same.

Nombre _____ Fecha _____ Sección _____

Capítulo 13
Lectura A

Cuba. Lea el siguiente pasaje sobre Cuba; luego conteste en inglés las preguntas que siguen.

Cuba es la isla más grande de las Antillas Mayores. Cristóbal Colón "descubrió" la isla en 1492. El nombre de la isla, "Cuba", es parte de la palabra "Cubacán", nombre de un jefe (*chief*) indio muy bravo. La capital es La Habana. La industria principal es el azúcar, pero los cigarros o habanos cubanos son muy famosos también. Cuba tiene un gobierno comunista. El presidente es Fidel Castro. En los últimos años, muchos turistas han visitado la isla. Cuba tiene un clima (*climate*) agradable, edificios coloniales y muchas playas bonitas.

1. Who arrived in Cuba in 1492?

   _____

2. What is the origin of the island's name?

   _____

3. What is Cuba's main industry?

   _____

4. What tourist attractions does Cuba have to offer?

   _____

5. What form of government does Cuba have?

   _____

Capítulo 13
Lectura B

Cuba. Lea el siguiente pasaje sobre Cuba; luego complete las frases que siguen marcando con un círculo la letra de la respuesta más apropiadas.

Cuba es la isla más grande de las Antillas Mayores. Cristóbal Colón "descubrió" la isla en 1492. El nombre de la isla, "Cuba", es parte de la palabra "Cubacán", nombre de un jefe (*chief*) indio muy bravo. La capital es La Habana. La industria principal es el azúcar, pero los cigarros o habanos cubanos son muy famosos también. Cuba tiene un gobierno comunista. El presidente es Fidel Castro. En los últimos años, muchos turistas han visitado la isla. Cuba tiene un clima (*climate*) agradable, edificios coloniales y muchas playas bonitas.

1. Cuba is in the
   a. Greater Antilles.
   b. Lesser Antilles.
   c. Gulf of Mexico.

2. The name "Cuba" comes from "Cubacán," the name of
   a. an Indian chief.
   b. a kind of tobacco.
   c. an Indian god.

3. Cuba's main industry is
   a. cigars.
   b. sugar.
   c. tourism.

4. Cuba's leader is
   a. Cubacán.
   b. Cristóbal Colón.
   c. Fidel Castro.

5. In Cuba, tourists can see
   a. skyscrapers.
   b. Inca ruins.
   c. colonial buildings.

Nombre _____ Fecha _____ Sección _____

Capítulo 14
Lectura A

Perú. Lea el siguiente pasaje sobre Perú; luego conteste en inglés las preguntas que siguen.

La geografía y la cultura de Perú son muy variadas. Hay valles fértiles, montañas, selva (*jungle*) y desiertos. Lima, la capital, está en la costa. El centro de la ciudad es de estilo colonial, pero también hay muchos barrios nuevos. Hay varios museos importantes en Lima. Muchos arqueólogos (*archeologists*) viajan a Perú para ver esos museos y para ver ruinas de la civilización incaica y de las civilizaciones preincaicas. En general, todos van a Cuzco, la capital del imperio (*empire*) de los incas. Allí se puede ver muchos ejemplos de la arquitectura incaica. En Cuzco, mucha gente habla dos lenguas: español y quechua, la lengua de los incas. En los pueblos pequeños generalmente sólo se habla quechua.

1. What is the geography of Peru like?

   _____

   _____

2. What is Lima's architecture like?

   _____

3. Why do many archeologists go to Peru?

   _____

   _____

4. What can one see in Cuzco?

   _____

5. What language is usually spoken in small towns in Peru?

   _____

Capítulo 14
Lectura B

Perú. Lea el siguiente pasaje sobre Perú; luego complete las frases que siguen marcando con un circulo la letra de las respuestas más apropiadas.

La geografía y la cultura de Perú son muy variadas. Hay valles fértiles, montañas, selva (*jungle*) y desiertos. Lima, la capital, está en la costa. El centro de la ciudad es de estilo colonial, pero también hay muchos barrios nuevos. Hay varios museos importantes en Lima. Muchos arqueólogos (*archeologists*) viajan a Perú para ver esos museos y para ver ruinas de la civilización incaica y de las civilizaciones preincaicas. En general, todos van a Cuzco, la capital del imperio (*empire*) de los incas. Allí se puede ver muchos ejemplos de la arquitectura incaica. En Cuzco, mucha gente habla dos lenguas: español y quechua, la lengua de los incas. En los pueblos pequeños generalmente sólo se habla quechua.

1. The capital of Perú is
    a. Lima.
    b. Cuzco.
    c. Piura.

2. Lima is located
    a. in the desert.
    b. on the coast.
    c. in the jungle.

3. Archeologists travel to Perú
    a. to see colonial buildings in Lima.
    b. to see Aztec ruins in Cuzco.
    c. to see Inca ruins in Cuzco.

4. In Cuzco one can see
    a. the remains of Incan architecture.
    b. Aztec ruins.
    c. modern skyscrapers.

5. In Lima there are
    a. Inca ruins.
    b. important museums.
    c. many people who speak Quechua.

Nombre _____ Fecha _____ Sección _____

Capítulo 15
Lectura A

Paraguay. Lea el siguiente pasaje sobre Paraguay; luego conteste en inglés las preguntas que siguen.

Paraguay está situado en el centro de América del Sur: al sur de Bolivia, al norte de Argentina y al suroeste de Brasil. Como Bolivia, Paraguay no tiene costa ni en el Atlántico ni en el Pacífico. Aunque no lo parece, en tamaño (*size*) Paraguay es tan grande como California, pero sólo tiene unos cuatro millones de habitantes. En Paraguay casi todos son bilingües. Hablan español y guaraní, una lengua indígena. Paraguay es famoso por sus proyectos hidroeléctricos, especialmente por la represa (*dam*) de Itaipú en el Río Paraná. En efecto (*In fact*), esta represa es la más grande del mundo.

1. Where is Paraguay located?

   _____

   _____

2. How is Paraguay similar to Bolivia?

   _____

   _____

3. What is the population of Paraguay?

   _____

   _____

4. What languages are spoken in Paraguay?

   _____

5. For what is Paraguay famous?

   _____

   _____

Capítulo 15
Lectura B

Paraguay. Lea el siguiente pasaje sobre Paraguay; luego complete las frases que siguen marcando con un círculo la letra de la respuesta más apropiadas.

Paraguay está situado en el centro de América del Sur: al sur de Bolivia, al norte de Argentina y al suroeste de Brasil. Como Bolivia, Paraguay no tiene costa ni en el Atlántico ni en el Pacífico. Aunque no lo parece, en tamaño (*size*) Paraguay es tan grande como California, pero sólo tiene unos cuatro millones de habitantes. En Paraguay casi todos son bilingües. Hablan español y guaraní, una lengua indígena. Paraguay es famoso por sus proyectos hidroeléctricos, especialmente por la represa (*dam*) de Itaipú en el Río Paraná. En efecto (*In fact*), esta represa es la más grande del mundo.

1. Paraguay is located
    a. southeast of Brazil.
    b. southwest of Brazil.
    c. east of Brazil.

2. Paraguay is similar to Bolivia in that neither country has
    a. an indigenous population.
    b. a seacoast.
    c. rivers.

3. Paraguay is
    a. bigger in size than California.
    b. smaller in size than California.
    c. is about the same size as California.

4. In Paraguay people speak
    a. Spanish and Guaraní.
    b. only Spanish.
    c. Spanish and English.

5. Paraguay is famous for its
    a. Atlantic coast.
    b. Pacific coast.
    c. hydroelectric projects.

Nombre _____ Fecha _____ Sección _____

Capítulo 16
Lectura A

Venezuela. Lea el siguiente pasaje sobre Venezuela; luego conteste en inglés las preguntas que siguen.

Venezuela está en la parte norte de Sudamérica, al este de Colombia y al norte de Brasil. Los españoles vinieron a Venezuela en 1498. Le dieron ese nombre porque las casas de los indios en el Lago Maracaibo les hicieron recordar a (*reminded them of*) Venecia, en Italia. Es decir, para ellos, Venezuela era una Venecia pequeña. Hoy día el Lago Maracaibo es famoso por su petróleo (*oil*). Dicen que Venezuela es uno de los países más ricos de Latinoamérica gracias a esa industria. Últimamente, sin embargo (*however*), el precio del petróleo ha, bajado y los venezolanos han tenido problemas económicos. No han podido pagar a tiempo lo que deben a otros países. Caracas, la capital, es una ciudad grande y moderna. Tiene muchos edificios altos y un sistema de carreteras (*highways*) muy impresionante (*impressive*).

1. Where is Venezuela located?

2. What reminded the Spaniards of Venice?

3. To what does Venezuela owe its wealth?

4. What is the economic situation like today? Why?

5. What is Caracas like?

Capítulo 16
Lectura B

Venezuela. Lea el siguiente pasaje sobre Venezuela; luego complete las frases que siguen marcando con un círculo la letra de la respuesta más apropiadas.

Venezuela está en la parte norte de Sudamérica, al este de Colombia y al norte de Brasil. Los españoles vinieron a Venezuela en 1498. Le dieron ese nombre porque las casas de los indios en el Lago Maracaibo les hicieron recordar a (*reminded them of*) Venecia, en Italia. Es decir, para ellos, Venezuela era una Venecia pequeña. Hoy día el Lago Maracaibo es famoso por su petróleo (*oil*). Dicen que Venezuela es uno de los países más ricos de Latinoamérica, gracias a esa industria. Ultimamente, sin embargo (*however*), el precio del petróleo ha bajado y los venezolanos han tenido problemas económicos. No han podido pagar a tiempo lo que deben a otros países. Caracas, la capital, es una ciudad grande y moderna. Tiene muchos edificios altos y un sistema de carreteras (*highways*) muy impresionante (*impressive*).

1. Venezuela is located
    a. west of Colombia.
    b. south of Brazil.
    c. east of Colombia.

2. The Indians built their houses
    a. in the middle of the lake.
    b. close to rivers.
    c. close to the capital.

3. Venezuela owes its wealth to
    a. the oil industry.
    b. the tourist industry.
    c. highway construction.

4. Venezuela is
    a. one of the poorest countries in Latin America.
    b. one of the richest countries in Latin America.
    c. one of the smallest countries in Latin America.

5. Caracas is
    a. a colonial city.
    b. a modern city.
    c. a historical city.

Capítulo suplementario
Lectura A

Una carta. José está de visita en Quito. Ésta es la primera carta que les escribe a sus padres en Chile. Lea la siguiente carta; luego conteste en inglés las preguntas que siguen.

Queridos papá y mamá:
Hace una semana que estoy en Quito. Es una ciudad bonita. El clima es muy agradable. Hace buen tiempo casi todos los días pero por la noche hace fresco. Al llegar aquí me sentí enfermo. La familia con quien vivo me dijo que fue por la altura (altitude). *No se preocupen; ahora estoy bien. He visto muchas cosas interesantes. Visité la Catedral donde está enterrado* (buried) *Sucre y también visité su casa. Está completamente restaurada. Este fin de semana voy con unos amigos ecuatorianos a Otavalo. Todos los sábados hay allí un mercado donde se venden las artesanías de los indios. Creo que voy a comprarme un poncho. Bueno, ahora tengo que hacer la maleta. Hasta muy pronto.*

Un abrazo muy fuerte,
José

1. How long has José been in Quito?

2. What is the weather like there?

3. What happened when he first arrived?

4. What has he seen so far in Quito?

5. What does he plan to do this weekend?

Capítulo suplementario
Lectura B

Una carta. José está de visita en Quito. Ésta es la primera carta que les escribe a sus padres en Chile. Lea la siguiente carta; luego complete las frases que siguen, marcando con un círculo la letra de la respuesta más apropiadas.

> *Queridos papá y mamá:*
> *Hace una semana que estoy en Quito. Es una ciudad bonita. El clima es muy agradable. Hace buen tiempo casi todos los días pero por la noche hace fresco. Al llegar aquí me sentí enfermo. La familia con quien vivo me dijo que fue por la altura* (altitude). *No se preocupen; ahora estoy bien. He visto muchas cosas interesantes. Visité la Catedral donde está enterrado* (buried) *Sucre y también visité su casa. Está completamente restaurada. Este fin de semana voy con unos amigos ecuatorianos a Otavalo. Todos los sábados hay allí un mercado donde se venden las artesanías de los indios. Creo que voy a comprarme un poncho. Bueno, ahora tengo que hacer la maleta. Hasta muy pronto.*
>
> *Un abrazo muy fuerte,*
> *José*

1. José has been in Quito
   a. one month.
   b. one year.
   c. one week.

2. The weather in Quito is
   a. very pleasant.
   b. quite unpleasant.
   c. usually cold.

3. When José first arrived, he
   a. felt sick.
   b. went to the market.
   c. went to Otavalo.

4. In Quito he visited
   a. his friend Sucre.
   b. the Cathedral.
   c. an Indian market.

5. José is going to pack his suitcase
   a. to go back to Chile.
   b. to go to Ecuador.
   c. to go to Otavalo.

EXÁMENES COMPRENSIVOS

Nombre _____ Fecha _____ Sección _____

Examen comprensivo I (A)
Capítulos P–8

I. Your instructor will read you a postcard that Pam sent to Bob from Buenos Aires. Then you will hear six questions based on it. Answer them with complete sentences in Spanish.

1. _____
2. _____
3. _____
4. _____
5. _____
6. _____

II. Describe what you, your family, and friends usually do on weekends. Combine elements from each column to form eight (8) sentences. Do not repeat subjects or verbs, and use the verbs in the present tense. Make your sentences negative, if needed, or add any additional information, as appropriate.

yo	cerrar	de vacaciones
José	jugar	en un restaurante cubano
Elena	leer	las palabras en español
tú	dormir	un curso de computadoras
nosotros (no)	repetir	un concierto
Ed y Rosa	ir (a)	una película de terror
el estudiante	ver	con mis amigos al teatro
mis padres	seguir	la novela
mi hermano(-a)	almorzar	las ventanas
mi novio(-a) y yo	asistir (a)	mucho

1. _____
2. _____
3. _____
4. _____
5. _____
6. _____
7. _____
8. _____

Holt, Rinehart and Winston

III. You have told five-year-old Pepito about a trip to Spain that you are planning. Complete Pepito's questions by circling the appropriate interrogative word.

1. ¿(Qué / Cuál) es un pasaporte?

2. ¿(Quién / Cómo) es España?

3. ¿(Cuándo / Dónde) está Barcelona?

4. ¿(Con quién / Quiénes) vas a ir?

5. ¿(Cuál / Qué) es el número de tu vuelo?

IV. You are touring Buenos Aires, a very cosmopolitan city. Complete your guide's sentences with the correct form of the adjectives given in parentheses. Make the necessary changes.

1. (este / mucho / colonial)

   En _____ ciudad hay _____ casas _____ .

2. (tercero / grande / moderno)

   El _____ hotel es _____ y _____ .

3. (aquel / francés / elegante)

   _____ panadería _____ es muy _____ .

4. (varios / alemán / excelente)

   En el centro hay _____ restaurantes _____ que

   son _____ .

V. You have met Marta, a very inquisitive student, in one of your classes. Answer her questions using direct and/or indirect object pronouns whenever possible.

1. ¿Hablas francés?

   _____

2. ¿Te prestan el coche tus amigos?

   _____

3. ¿Sabes bailar el tango?

   _____

4. ¿Me presentas a tus amigas?

   _____

EXÁMENES COMPRENSIVOS

5. ¿Nos compras unos refrescos?

_____

VI. You are interviewing a student from Mexico City for your school newspaper. Form logical questions using each of the following verbs at least once: *gustar, encantar, faltar, importar, interesar*.

1. ¿nuestra universidad?

_____

2. ¿los deportes?

_____

3. ¿ir al cine?

_____

4. ¿el amor?

_____

5. ¿tiempo?

_____

6. ¿los amigos?

_____

VII. Read the following paragraph and then change the underlined verbs to the preterit. Write them in the spaces provided below.

En junio (1) vamos de vacaciones a Venezuela. (2) Nos quedamos en un hotel cerca de la playa. Mi hermano (3) asiste a muchos conciertos folklóricos. Yo (4) visito varios museos. Mis padres (5) compran artesanía local. El lunes, Antonio (6) se encuentra con una amiga en la Universidad Simón Bolívar. Mis padres (7) dan un paseo por la Plaza de la Independencia. Allí nosotros (8) tomamos unas bebidas tropicales muy deliciosas. Yo (9) saco muchas fotografías. ¡Qué lástima! Hoy (10) es nuestro último día de vacaciones.

1. _____   6. _____

2. _____   7. _____

3. _____   9. _____

4. _____   9. _____

5. _____   10. _____

Holt, Rinehart and Winston   EXÁMENES COMPRENSIVOS | 121

VIII. You are telling a friend about your family's slightly strange habits. Complete the sentences logically by filling in the blanks with an appropriate reflexive verb from the list. Use present-tense forms.

acostarse   lavarse   divertirse   levantarse   ponerse

1. Yo siempre _____ calcetines para dormir.

2. Mamá y papá _____ a las cinco de la mañana.

3. Abuela y yo _____ a las ocho de la noche.

4. Gregorio _____ las manos treinta veces por día.

5. Angélica no _____ en las fiestas.

IX. You are in a shopping mall. As you shop you hear snatches of conversations. Complete the sentences by filling in the blanks with the appropriate information.

1. ¿Me prestas tu _____? Necesito escribir un cheque.

2. ¿Cuál es la fecha? Es el _____ de _____.

3. Busco ropa para la oficina. Voy a comprar _____.

4. Tengo _____. Necesito comer algo.

5. Voy a pedir _____ de entrada, _____ de postre y _____ para beber.

6. Vamos a visitar a mis _____, los hijos de Tía Leonor.

7. Me encantan los deportes. Practico _____ y _____.

8. ¡_____! Llegamos tarde y ya cerraron esta tienda.

9. Somos profesores. Enseño _____ y él enseña _____.

10. Necesito dinero. Vamos al _____.

X. The following questions are directed to you. Answer them with complete sentences in Spanish.

1. ¿Qué hora es ahora?

2. ¿Qué comiste anoche?

3. ¿Qué hiciste después de comer?

4. ¿Con quién sales los sábados?

5. ¿Qué tienes que hacer hoy?

6. ¿Cuándo es tu cumpleaños?

7. ¿Sabes esquiar?

8. ¿Qué tiempo hace en el invierno?

9. ¿Qué ropa llevas a la playa?

10. ¿Qué haces cuando tienes sed?

XI. You have made a list of things you have to do this weekend. Complete the list by circling the correct preposition.

1. Estudiar el domingo (por / para) la noche (por / para) la clase de ciencias de computación

2. Mandarle una nota (por / para) correo electrónico a Pablo

3. Ir al supermercado (por / para) detergente

4. Comprar un regalo (por / para) Carmela

5. Terminar mi composición sobre los mayas (por / para) el lunes

XII. Read the following passage about the Hispanic presence in the United States. Then answer the questions which follow with complete sentences in Spanish.

Los españoles que llegaron a América en el siglo XVI se sorprendieron (*were surprised*) al escuchar historias fantásticas sobre una isla llamada California. Según una de las historia, en la isla vivieron en el pasado unas mujeres amazonas con su reina (*queen*) Calafía. Un español describió California de esta forma: "En la isla hace fresco, siempre es primavera. Hay oro por todas partes y muchos objetos de valor. Las mujeres son rubias (*blond*), altas y muy bravas. La isla es un paraíso".

El gran explorador Hernán Cortés escuchó hablar sobre esa isla fantástica. Organizó una expedición y salió de México con unos cuarenta hombres. Cortés llegó a una isla desierta y árida. Sus hombres no encontraron oro, pero descubrieron la península que hoy día se llama Baja California.

Muchos españoles se quedaron en el sur (*South*) de Estados Unidos. Ellos trajeron su cultura, su lengua (*language*) y su religión. Algunos españoles les enseñaron español a los indios y los convirtieron a la religión católica. Podemos observar la influencia hispánica en los nombres de muchos estados como Florida (flores), Nevada (nieve), Montana (montaña) y Colorado (rojo), por ejemplo. La presencia hispánica se ve también cuando vemos televisión o escuchamos radio: en la música, en la política, en las artes, en la religión, etc. Ahora hay comunidades hispanas en prácticamente todos los estados de los Estados Unidos.

1. ¿Quiénes llegaron a América en el siglo XVI?

2. Según la lectura, ¿quiénes vivieron antes en California?

3. ¿Qué descubrió Hernán Cortés?

4. ¿En qué parte de Estados Unidos se quedaron a vivir muchos españoles? ¿Qué trajeron ellos a esa región?

5. ¿Qué aprendieron algunos indios de los españoles?

6. ¿En qué podemos observar la influencia o presencia hispánica?

   _____

   _____

7. ¿Dónde puede uno encontrar comunidades hispanas hoy día?

   _____

   _____

Nombre _____ Fecha _____ Sección _____

Examen comprensivo I (B)
Capítulos P–8

I. Your instructor will read you a postcard that Pam sent to Bob from Buenos Aires, followed by six incomplete statements based on it. Complete them by circling the correct endings below, as appropriate.

1. pequeña	aburrida	grande
2. un hotel	una plaza	un restaurante
3. del Teatro Colón	de "El Porteño"	de la Plaza de Mayo
4. de su padre	de su madre	del padre de Bob
5. Córdoba	Bariloche	Buenos Aires
6. sábado	viernes	domingo

II. Describe what you, your family, and friends usually do on weekends. Combine elements from each column to form eight (8) sentences. Do not repeat subjects or verbs, and use the verbs in the present tense. Make your sentences negative, if needed, or add any additional information, as appropriate.

yo	abrir	de vacaciones
Jorge	hacer	en un restaurante típico
Maricruz	leer	los ejercicios para la clase
tú	hablar	con unos amigos
nosotros (no)	estar	una fiesta
Tim y Susy	ir (a)	una película cómica
el (la) estudiante	ver(se)	en el teatro
mis padres	estudiar	un libro muy interesante
mi hermano(-a)	almorzar	las ventanas
mi novio(-a) y yo	dormir	mucho (poco)

1. _____
2. _____
3. _____
4. _____
5. _____
6. _____
7. _____
8. _____

III. Complete the following dialogue with interrogative words, as appropriate.

1. —Hola, Marisa, ¿_____ estás?

2. —Muy bien, gracias. Dime (*Tell me*) Luis, ¿_____ y _____ es la fiesta sorpresa para Javier?

3. —Es mañana y creo que es en la casa de Susana. ¿Con _____ vas tú?

4. —Con Mario… ¿_____ te pidió Jenny para la fiesta?

5. —El vino y un postre… ¿_____ me lo preguntas?

—Porque… ¡no recuerdo qué me pidió a mí…!

IV. Chela is showing her friend Hilda around her college. Complete the sentences by filling in the blanks with the correct form of the adjectives given in parentheses. Make the necessary changes.

1. (este / mucho / interesante)

En _____ universidad hay _____ gente _____ .

2. (aquel / francés / inteligente)

_____ chicos _____ son muy _____ .

3. (dos / argentino / simpático)

Conozco a _____ muchachas _____ muy _____ .

4. (perezoso / trabajador / idealista)

Paula es _____ , María es _____ y José es _____ .

V. Answer the following questions in the affirmative using direct and/or indirect object pronouns whenever possible.

MODELO ¿Me haces el desayuno?
    Sí, te lo hago.

1. ¿Hablas italiano? _____

2. ¿Te dan consejos tus padres? _____

3. ¿Me prestas tu auto? _____

4. ¿Sabes tocar esas canciones? _____

5. ¿Nos sirves la cena? _____

VI. You are interviewing a Mexican student for the campus newspaper. Form logical questions using each of the following verbs at least once: *gustar, encantar, faltar, importar, interesar.*

1. ¿la comida mexicana?

   _____

2. ¿la política?

   _____

3. ¿dinero o (el) tiempo?

   _____

4. ¿los problemas urbanos?

   _____

5. ¿los postres?

   _____

6. ¿el cine o el teatro?

   _____

VII. Complete the following paragraph about Lupe's family by filling in each blank with the correct preterit form of one of the verbs given in parentheses, as appropriate.

En junio mi familia y yo (1) _____ (estar, ir) de vacaciones a Venezuela.

Nosotros (2) _____ (quedarse, levantarse) en un hotel cerca de la playa.

Mi hermano (3) _____ (escuchar, asistir) a muchos conciertos

folklóricos. Yo (4) _____ (visitar, llegar) varios museos. Mis padres

(5) _____ (saber, comprar) artesanía local. El lunes, Antonio

(6) _____ (llamarse, encontrarse) con una amiga en la Universidad Simón

Bolívar. Mis padres (7) _____ (dar, buscar) un paseo por la Plaza de la

Independencia. Allí nosotros (8) _____ (comer, tomar) unas bebidas tropicales

muy deliciosas. Yo (9) _____ (hacer, sacar) muchas fotografías. ¡Qué lástima!

Hoy (10) _____ (estar, ser) nuestro último día de vacaciones.

Holt, Rinehart and Winston   EXÁMENES COMPRENSIVOS | 129

VIII. You are telling a friend about the peculiar habits of the people in your dorm. Complete the sentences logically by filling in the blanks with the appropriate reflexive verb from the list. Use present-tense forms.

lavarse   ponerse   levantarse   quedarse   preocuparse

1. Miguel _____ un traje y una corbata para ir a clase.
2. Yo _____ tarde y siempre me pierdo la primera clase.
3. Miguel nunca _____ . ¡Huele (He smells) muy mal!
4. Pablo y Miguel _____ en su cuarto todos los fines de semana.
5. Miguel y yo nunca estudiamos, pero no _____ por los exámenes.

IX. As Carmen and Antonio walk around the shopping mall they hear snatches of conversation. Complete the sentences they hear by circling the most appropriate word.

1. ¿Dónde está el (paraguas / bolso / calcetín)? Creo que va a llover.
2. Voy a comprar unos libros en la (biblioteca / librería / cafetería).
3. Necesito unas (botas / impermeables / sandalias) para ir a la playa.
4. Mi hermana es (vendedora / abogada / cura). Trabaja en esa librería.
5. Sí, Rafa es mi (tío / primo / hermano). Es el hijo de mi tía Rosa.
6. Vamos al (correo / barrio / banco). Necesito dinero.
7. Tengo mucha (hambre / suerte / sed). Quiero tomar un refresco.
8. Cuando en Estados Unidos es invierno, en Chile es (primavera / verano / invierno).
9. Estudio (química / literatura / filosofía). Me encantan las ciencias.
10. Quiero aprender a (tocar / jugar / nadar) muy bien el piano.

X. You have made a list of things you have to do to get ready for a trip. Complete the list by circling *por* or *para,* as appropriate.

1. Ir a la farmacia (por / para) aspirinas
2. Comprar un regalo (por / para) mamá
3. Ir a la agencia de viajes (por / para) la tarde (por / para) hacer una reservacíon
4. Llamar a Sofía (por / para) teléfono
5. Salir (por / para) el aeropuerto a las seis de la mañana el sábado

XI. **La rutina hispana.** How does the typical Hispanic's daily routine compare to the routine of a North American? Read the following selection, and then circle the letter of the phrase that best completes each sentence.

El hispano típico se levanta un poco tarde en comparación con muchos norteamericanos y toma un desayuno sencillo: un café con leche o un jugo de fruta. Sale a trabajar a las nueve porque muchas oficinas no abren las puertas hasta las diez. Después de trabajar unas dos horas, toma un café y vuelve al trabajo hasta las dos, cuando almuerza.

El almuerzo es la comida principal y consiste en (*consists of*) cuatro o cinco platos. Sigue la siesta hasta las cuatro de la tarde, y entonces uno vuelve al trabajo otra vez hasta las ocho de la noche.

La cena, una comida ligera (*light*), es tarde, a las nueve o diez, y el hispano tradicional se acuesta más o menos a medianoche. Por la tarde, a eso de (*around*) las cinco, es "la hora del té" y los hispanos generalmente toman "la merienda", que consiste en té, café o chocolate, con galletitas (*cookies*), torta o algún otro tipo de pan dulce (*sweet bread*). Ahora, sin embargo (*nevertheless*), hay muchos hispanos que siguen una rutina similar a la norteamericana.

1. The heavy meal in Hispanic countries is
   a. in the evening.
   b. at 11: A.M.
   c. in the early afternoon.

2. The siesta is usually over at
   a. 8:00 P.M.
   b. 8:00 A.M.
   c. 4:00 P.M.

3. A typical Hispanic breakfast consists of
   a. cold cereal with milk.
   b. coffee with milk.
   c. eggs and bacon.

4. Supper in Hispanic countries is traditionally
   a. light and early.
   b. light and late.
   c. heavy and late.

5. Hispanics typically
   a. go to bed early and rise early.
   b. go to bed late and get up early.
   c. go to bed late and get up late.

6. Nowadays many Hispanics follow a routine similar to that of
   a. Mexico.
   b. the United States.
   c. South America.

7. Another Hispanic snack takes place
   a. at around 5:00 P.M.
   b. in mid-morning.
   c. right before supper.

8. The tea time snack is called
   a. *hora del té.*
   b. *comida ligera.*
   c. *merienda.*

9. A typical *merienda* consists of
   a. bread and fruit.
   b. tea and cookies.
   c. milk and cookies.

XII. Write a paragraph of 10–12 sentences (in Spanish) describing yourself. Include answers to the following questions: ¿Cómo es usted físicamente?, ¿Cuántos años tiene?, ¿Tiene hermanos?, ¿Dónde vive su familia?, ¿Qué estudia este semestre?, ¿Cuál es su clase favorita y por qué?, ¿Qué le gusta hacer los fines de semana?, ¿Qué quiere ser en el futuro?

Nombre _____ Fecha _____ Sección _____

Examen comprensivo II (A)
Capítulos 9–16

I. Su instructor(a) le va a leer una carta que le escribió Jenny a Eddie desde Madrid. Después va a escuchar ocho preguntas sobre la carta. Contéstelas con frases completas en español.

1. _____
2. _____
3. _____
4. _____
5. _____
6. _____
7. _____
8. _____

II. Lea la siguiente historia sobre Amanda y su familia. Primero complete las oraciones, marcando con un círculo la forma correcta del verbo (pretérito o imperfecto), según sea necesario. Después use su imaginación y termine la historia, agregando 2–3 oraciones más.

Cuando Amanda (tuvo / tenía) once años, su familia (se mudó / se mudaba) a Ecuador. Ella no (supo / sabía) hablar español y (tenía / tuvo) que aprenderlo en la escuela. Todos los días Amanda y yo (caminamos / caminábamos) a la escuela. Una mañana nosotras nos (encontramos / encontrábamos) con un chico. Él (fue / era) simpático y pronto nos (hicimos / hacíamos) muy buenos amigos. Todas las tardes Amanda (nadó / nadaba) en el río, excepto los sábados que (fue / iba) al mercado de los indios. Un sábado ella (vio / veía) allí algo muy interesante… _____

_____
_____
_____
_____
_____
_____

Holt, Rinehart and Winston

III. Paco es una persona muy simpática. Pepe, su compañero de cuarto, es una persona muy antipática. Compárelos según los modelos, añadiendo la información necesaria.

MODELOS estudia (igualdad)
Paco estudia tanto como Pepe.

es amable (desigualdad)
Paco es más amable que Pepe.

1. es simpático (desigualdad)

   _____

2. va a fiestas (igualdad)

   _____

3. es generoso (desigualdad)

   _____

4. es responsable (desigualdad)

   _____

5. tiene dinero (igualdad)

   _____

IV. **Un viaje a Perú.** Complete las frases que siguen usando el futuro de los verbos entre paréntesis. Añada la información adicional necesaria.

1. (salir) Nosotros _____ .

2. (llevar) Yo _____ en la maleta.

3. (ver) En Perú, tú _____ .

4. (sacar) Los turistas _____ .

5. (valer) Un mapa del Cuzco _____ .

V. Conteste las preguntas que siguen, usando la forma correcta del condicional. No use el verbo *hacer*.

1. ¿Qué haría con un millón de dólares?

   _____

2. ¿Qué haría si fuera presidente de su universidad?

   _____

3. ¿Qué haría si encontrara a un desconocido (*stranger*) durmiendo en su cama?

   _____

4. ¿Qué haría si tuviera más tiempo?

   _____

5. ¿Con qué persona famosa le gustaría cenar?

   _____

VI. Lea el párrafo que sigue y complete las frases, marcando con un círculo la palabra apropiada.

Elisa es (mi / mía) hermana. Ella es una gran atleta. (Por / Para) la mañana, ella corre (diario / diariamente) (por / para) el parque. (Su / Nuestro) esposo también corre (rápida / rápidamente) (por / para) la pista (*track*). Después de correr, ellos van (directo / directamente) a la piscina (*pool*). (Por / Para) hacer tanto ejercicio, mi hermana se mantiene delgada. El próximo mes, ella y otros atletas correrán en un maratón internacional (por / para) Estados Unidos. ¡Ojalá que ganen ellos!

VII. Después de esperar hasta el último momento, Pablo está hablando con un consejero de su universidad acerca de cómo buscar trabajo después de su graduación. Complete las oraciones del consejero marcando con un círculo la forma correcta del verbo.

1. ¡Qué sorpresa! Temía que ya no (vienes / vengas / vinieras) a verme.

2. Te aconsejé mil veces que (pides / pidas / pidieras) mi ayuda.

3. Era obvio que (estás / estabas / estuvieras) muy ocupado con tus cursos.

4. Mucha gente tiene un trabajo que no le (gusta / guste / gustara).

5. ¿Quieres conseguir (*to get*) un trabajo que te (gusta / guste / gustara)?

6. Entonces te aconsejo que (preparas / prepares / prepararas) un buen *currículum vitae*.

7. Creo que (debes / debas / debieras) llevar camisa y corbata para las entrevistas (*interviews*).

8. Es importante que (aprendes / aprendas / aprendieras) algo sobre la compañía antes de la entrevista.

9. Estoy seguro de que (vas / vayas / fueras) a encontrar trabajo en uno o dos meses.

10. Dudo que te (toma / tome / tomara) más tiempo.

11. Comienza a escribir tu *curriculum vitae* tan pronto como (llegas / llegues / llegaras) a casa, ¿de acuerdo?

12. Te digo todo esto para que (tienes / tengas / tuvieras) éxito (*success*).

VIII. Eduardo está hablando de sus planes para el fin de semana y también de lo que pasaría si su vida fuera diferente. Complete sus oraciones, añadiendo los verbos apropiados y la información adicional necesaria.

1. Si vamos a la fiesta de José, _____.

2. Si yo no tuviera que trabajar el sábado, _____.

3. Si tienes tiempo, _____.

4. Si yo tuviera más tiempo, _____.

5. Si llueve, _____.

IX. **Martina, la mandona (*bossy*).** Martina les da órdenes a los otros estudiantes y también a la consejera (*counselor*) de su residencia. Complete sus mandatos con la forma correcta del verbo.

1. lavar mis calcetines / tú

   _____

2. no contar chistes (*jokes*) estúpidos / ustedes

   _____

3. no tocar *La macarena* / usted

   _____

4. servir chocolate mexicano para el desayuno / nosotros

   _____

5. no salir de la residencia sin mi permiso / ustedes

   _____

6. acostarse temprano esta noche / nosotros

   _____

7. no ponerse mi ropa / tú

   _____

8. no ver tanta televisión / usted

   _____

9. ir a la biblioteca ahora / ustedes

   _____

10. hacer mi tarea de física / tú

    _____

X. Escriba cada mandato (*nosotros*) de otra forma, confirmando o negando las frases que siguen, según las indicaciones.

   MODELO Vamos a bailar.
   Sí, bailemos.

   1. Vamos a jugar al béisbol.   No, _____ .
   2. Vamos a ver televisión.   Sí, _____ .
   3. Vamos a salir temprano.   No, _____ .
   4. Vamos a dormir aquí.   Sí, _____ .

XI. Conteste las preguntas que siguen con frases completas en español.

   1. ¿Cuánto tiempo hace que usted estudia en esta universidad?

      _____

   2. ¿Cuánto tiempo hace que el presidente Clinton ganó las elecciones?

      _____

   3. ¿Cuánto tiempo hace que empezó el semestre (trimestre)?

      _____

   4. ¿Cuánto tiempo hace que usted conoce a su profesor(a) de español?

      _____

XII. Escriba un párrafo de 10–12 frases completas en español describiendo cómo celebró una de las fiestas que siguen. Mencione con quién la celebró, dónde, cuándo, qué hizo, qué comió, qué regalos dio o recibió, etc.

    a. Navidad
    b. Su cumpleaños
    c. La fiesta de Janucá
    d. El Día de la Madre

_____
_____
_____
_____
_____
_____
_____
_____
_____
_____
_____
_____

XIII. Primero lea el pasaje de abajo, sobre el poeta español Federico García Lorca. Luego conteste las preguntas que siguen con frases completas en español.

    Federico García Lorca nació en Granada en el año 1898. Estudió en la Universidad de Madrid. Posteriormente vivió en Nueva York y en Argentina. Escribió muchos poemas sobre el sur de España y especialmente idealizó la imagen de los gitanos (*gypsies*). Su *Romancero gitano* presenta con musicalidad y lirismo el mundo misterioso y trágico de los gitanos de Andalucía.

    García Lorca también escribió muchas nanas o poemas infantiles. Este tipo de poesía es muy musical y se caracteriza por el uso de diminutivos. Un poema infantil muy famoso es:

> "Duérmete, niñito mío,
> que tu madre no está en casa;
> que se la llevó la Virgen
> de compañera a su casa."

Cuando García Lorca se mudó a Estados Unidos, él se dedicó a escribir un grupo de poemas sobre sus impresiones y experiencias en Nueva York. De esa época es su libro *Poeta en Nueva York*. Al poeta granadino lo mataron en Granada en 1936, pocos días después del comienzo de la Guerra Civil Española.

1. ¿Quién fue García Lorca?

2. ¿Sobre qué temas escribió él?

3. ¿Qué es una nana?

4. ¿Qué es *Poeta en Nueva York*?

5. Según los dos últimos versos del poema, ¿cree usted que la madre del niño esté viva o muerta? ¿Por qué?

6. ¿Cuándo y dónde murió García Lorca?

7. ¿Le gusta leer poesía? ¿Por qué sí o por qué no?

Nombre _____ Fecha _____ Sección _____

Examen comprensivo II (B)
Capítulos 9–16

I. Su instructor(a) le va a leer una carta que le escribió Jenny a Eddie desde Madrid. Después va a escuchar ocho preguntas sobre la carta. Contéstelas, marcando con un círculo la respuesta correcta.

1. del sur	del norte	del este
2. por tren	por avión	por autobús
3. 11.000 pesetas	12.000 pesetas	13.000 pesetas
4. a Eddie	a los Jiménez	a Luis y a Lena
5. de México	de Nuevo México	de Santander
6. comían pescado	comían tortillas	iban a nadar
7. un vino español	una bebida alcohólica	un postre con frutas
8. en la primavera	en el verano	en el otoño

II. Primero complete el párrafo que sigue con el pretérito o imperfecto del verbo entre paréntesis, según sea necesario. Después use su imaginación y termine la historia, agregando 2–3 oraciones más.

Cuando yo _____ (tener) 9 años, todas las tardes mi hermano y yo _____ (ir) a la casa de nuestros abuelos. Allí, ellos siempre nos _____ (dar) la misma (*same*) comida. Un día yo _____ (tener) que ir sola (*alone*) porque mi hermano _____ (estar) enfermo. Cuando _____ (llegar) a la casa de abuelo y abuela, _____ (ver) que la puerta _____ (estar) cerrada. Yo no _____ (saber) qué hacer. De repente (*Suddenly*) _____ (escuchar) un ruido (*noise*) muy grande y…

_____

_____

_____

Holt, Rinehart and Winston   EXÁMENES COMPRENSIVOS | 141

III. Carmen y sus amigos se divierten comparándose con otras personas. Con los elementos dados, escriba oraciones comparativas de igualdad o de desigualdad, según se indica entre paréntesis. Añada la información necesaria.

MODELOS tú / ellos (igualdad)
Estudias tanto como ellos.

tú / ellos (desigualdad)
Eres más inteligente que ellos.

1. tú / mi hermano menor (desigualdad)

_____

2. yo / Gloria Estefan (igualdad)

_____

3. nuestros profesores / nosotros (desigualdad)

_____

4. ustedes / Tiger Woods (igualdad)

_____

5. el gobernador de tu estado / el presidente de Estados Unidos (desigualdad)

_____

IV. **Un viaje a Barcelona.** Complete las frases que siguen, usando el futuro de los verbos entre paréntesis. Añada la adicional información necesaria.

1. (salir) Nosotros _____ .

2. (llevar) Yo _____ en la maleta.

3. (ver) En Barcelona, tú _____ .

4. (sacar) Los turistas _____ .

5. (valer) Un cuadro de Picasso _____ .

V. Conteste las preguntas que siguen, usando la forma correcta del condicional.

1. Si fuera rico(-a), ¿cómo gastaría su dinero?

_____

2. ¿Qué haría si (en este momento) fuera el (la) presidente de este país?

_____

3. ¿Qué podrían hacer usted y sus amigos en México?

4. ¿Cómo sería o qué tendría su casa ideal?

5. ¿Qué le gustaría hacer en las próximas vacaciones?

VI. Lea el párrafo que sigue y complete las frases, marcando con un círculo la palabra apropiada.

Marina es (mi / mía) mejor amiga. Ella es una gran atleta. (Por / Para) la mañana, ella (come / corre) diariamente (por / para) el parque. (Su / Nuestro) esposo (también / tampoco) corre rápidamente (por / para) la pista (*track*). Después de correr, ellos van (directo / directamente) a la piscina (*pool*). (Por / Para) hacer tanto ejercico, Marina tiene muy buena (cuerpo / salud). ¡Hoy empiezo a correr por el parque yo también!

VII. Hace mucho tiempo que Raquel tiene problemas en su clase de química. Por fin va a hablar con su profesora. Complete las oraciones de la profesora marcando con un círculo la forma correcta del verbo.

1. ¡Qué sorpresa! Temía que ya no (vienes / vengas / vinieras) a verme.

2. ¿Por qué no viniste antes? Te aconsejé muchas veces que (haces / hagas / hicieras) una cita conmigo.

3. Bueno, no importa. Me alegro de que (estás / estés / estuvieras) aquí ahora.

4. Es verdad que la química (es / sea / fuera) una materia muy difícil.

5. Sé que (estás / estés / estuvieras) muy ocupada con tus otros cursos.

6. Pero es necesario que (estudias / estudies / estudiaras) todos los días.

7. Creo que todavía (puedes / puedas / pudieras) aprobar (*pass*) el curso.

8. Necesitas una persona que te (ayuda / ayude / ayudara).

9. Debes llamar a la chica que (trabaja / trabaje / trabajara) de tutora aquí.

10. También te voy a dar el teléfono de otro tutor en caso de que ella no (tiene / tenga / tuviera) tiempo para ayudarte.

11. Llámala tan pronto como (sales / salgas / salieras) de mi oficina, ¿de acuerdo?

12. ¡Ojalá que todo te (va / vaya / fuera) mejor en el futuro!

VIII. Sara está hablando de sus planes para el fin de semana y también de lo que pasaría si su vida fuera diferente. Complete sus oraciones, añadiendo los verbos apropiados y la adicional información necesaria.

1. Si tengo ganas de ir al cine, _____ .

2. Si no tuviera clases el lunes, _____ .

3. Si vamos a la playa, _____ .

4. Si mi novio tuviera coche, _____ .

5. Si vienen a verme mis padres, _____ .

IX. Usted está cuidando a los hijos de unos amigos. Deles mandatos a los niños, usando los elementos dados y la forma correcta del verbo.

1. no jugar con la pelota (*ball*) en la casa / tú

2. hacer la tarea / ustedes

3. no patinar en la calle / ustedes

4. cerrar la puerta / tú

5. sentarse / ustedes

6. dar un paseo / nosotros

7. comer esas verduras / tú

8. ir al parque / nosotros

9. volver ahora mismo / ustedes

10. no salir sin (*without*) mi permiso / tú

_____

X. Escriba cada mandato (*nosotros*) de otra forma, confirmando o negando las frases que siguen, según las indicaciones.

MODELO Vamos a salir.
Sí, salgamos.

1. Vamos a jugar al tenis.   No, _____ .

2. Vamos a comer ahora.   Sí, _____ .

3. Vamos a ver televisión.   No, _____ .

4. Vamos a pedir café.   Sí, _____ .

XI. Conteste las preguntas que siguen con frases completas en español.

1. ¿Cuánto tiempo hace que usted estudia en esta universidad?

_____

2. ¿Cuánto tiempo hace que sus padres se casaron?

_____

3. ¿Cuánto tiempo hace que empezó el semestre (trimestre)?

_____

4. ¿Cuánto tiempo hace que usted conoce a su profesor(a) de español?

_____

XII. Escriba un párrafo de 10–12 frases completas en español describiendo cómo celebró una de las fiestas que siguen. Mencione con quién la celebró, dónde, cuándo, qué hizo, qué comió, qué regalos dio o recibió, etc.

    a. Navidad
    b. Su cumpleaños
    c. La fiesta de Janucá
    d. El Día de la Madre

_____

_____

_____

_____

_____
_____
_____
_____
_____
_____
_____
_____
_____

XIII. Primero lea el pasaje de abajo sobre el poeta español Federico García Lorca. Luego complete las frases que siguen, marcando con un círculo la letra de las respuestas más apropiadas.

Federico García Lorca nació en Granada en el año 1898. Estudió en la Universidad de Madrid. Posteriormente vivió en Nueva York y en Argentina. Escribió muchos poemas sobre el sur de España y especialmente idealizó la imagen de los gitanos (*gypsies*). Su *Romancero gitano* presenta con musicalidad y lirismo el mundo misterioso y trágico de los gitanos de Andalucía.

García Lorca también escribió muchas nanas o poemas infantiles. Este tipo de poesía es muy musical y se caracteriza por el uso de diminutivos. Un poema infantil muy famoso es:

"Duérmete, niñito mío,
que tu madre no está en casa;
que se la llevó la Virgen
de compañera a su casa."

Cuando García Lorca se mudó a Estados Unidos, él se dedicó a escribir un grupo de poemas sobre sus impresiones y experiencias en Nueva York. De esa época es su libro *Poeta en Nueva York*. Al poeta granadino lo mataron en Granada en 1936, pocos días después del comienzo de la Guerra Civil Española.

1. Federico García Lorca wrote many poems about
   a. New York and Argentina.
   b. his hometown.
   c. the gypsies in Spain.

2. *Romancero gitano* is
   a. a book of poems.
   b. a novel.
   c. a collection of short stories.

3. The *nanas* are
   a. young girls.
   b. children's poems.
   c. lullabies.

4. *Poeta en Nueva York* is
   a. Lorca's autobiography.
   b. a collection of poems about his stay in New York.
   c. a book about a poet Lorca met in New York.

5. Federico García Lorca
   a. was killed in Granada.
   b. was killed in New York.
   c. died fighting in the Spanish Civil War.

6. He died a few days
   a. before the end of the civil war.
   b. after the end of the civil war.
   c. after the beginning of the civil war.

ANSWER KEYS

Capítulo Preliminar
Prueba A

Questions for Part I.
1. ¿Cómo se llama usted?
2. ¿Qué es esto? (*Show an object from the classroom.*)
3. ¿Cómo está usted?
4. ¿Estamos en la clase de español?
5. ¿Cómo se dice "pen" en español?

I. Answers will vary. Some probable answers are:
1. Me llamo…
2. Esto es…
3. Estoy bien, gracias. (Estoy mal.)
4. Sí, estamos en la clase de español.
5. Se dice "bolígrafo" en español.

II. Cómo / bien (mal, más o menos) / bien / (*place*) / bien (mal, más o menos, en [place]) / Nosotros

III.
1. día
2. ejercicio
3. capítulo
4. casa
5. hola
6. papel

IV.
1. estoy
2. está
3. están
4. estamos

¡PUNTOS EXTRAS!
1. mundo
2. Se dice "cuaderno".

Capítulo Preliminar
Prueba B

Reading for Part I.
La Sra. Mercado está en la casa. Ella se llama Susana. Está en Madrid, con la familia. El Sr. Mercado está en Barcelona con el papá. El papá no está bien y está en el hospital.

1. La Sra. Mercado está en la clase de español.
2. Ella se llama Susana.
3. Está en Sevilla.
4. El Sr. Mercado está con el papá.
5. El está en le hospital.

I. 1. F   2. V   3. F   4. V   5. F

II. 1. Bien.
    2. Me llamo…
    3. Igualmente.
    4. Más o menos.
    5. Mucho gusto.

III. 1. b   2. c   3. d   4. a

IV. 1. puerta
    2. ventana
    3. pizarra
    4. mesa
    5. estudiante
    6. escritorio

¡PUNTOS EXTRAS!
    1. usted   2. tú

Capítulo 1
Prueba A

Choose four of the following questions for Part I.
1. ¿Cómo se llama usted?
2. ¿De dónde es usted?
3. ¿Qué estudia?
4. ¿Con quiénes estudia?
5. ¿Adónde desea viajar?
6. ¿Con quién desea viajar?

I. Answers will vary. Some probable answers are:
    1. Me llamo…
    2. Soy de…
    3. Estudio…
    4. Estudio con…
    5. Deseo viajar a…
    6. Deseo viajar con…

II. 1. un / un
    2. unas / unos
    3. una / un
    4. una / una

III. 1. aviones
    2. lápices
    3. niñas
    4. hoteles

IV. 1. el restaurante
    2. los niños
    3. el hotel
    4. el pasaporte
    5. las vacaciones

V. 1. Adónde
    2. Cómo
    3. cuándo
    4. quiénes
    5. Qué

VI. Answers will vary.

¡PUNTOS EXTRAS!
    1. Madrid   2. peseta

Capítulo 1
Prueba B

Reading for Part I.

Muchos estudiantes viajan a España y visitan Madrid. En Madrid generalmente pasan cuatro o cinco días. Madrid es la capital de España. Un museo muy importante de allí es el Museo del Prado. También visitan la ciudad de Toledo. Allí está la casa de El Greco, un pintor famoso de España. En Toledo también hay un museo interesante: el Museo de Santa Cruz.

1. La capital de España es Madrid.
2. El Museo del Prado está en Toledo.
3. El Museo de Santa Cruz está en Toledo.
4. En Toledo está la casa de Picasso.
5. El Greco es un pintor italiano muy famoso.

I. 1. Sí 2. No 3. Sí 4. No 5. No

II. 1. un
2. una
3. un
4. un
5. unas

III. ciudades / universidades / museos / cámaras

IV. Answers will vary. Probable answers are:
1. llega
2. estudian
3. busca
4. hablamos

V. 1. quién
2. Por qué
3. Qué
4. Cuándo
5. Dónde

VI. 1. esposa
2. padre (papá)
3. primos
4. tío

¡PUNTOS EXTRAS!
1. Madrid
2. El Prado

Capítulo 2
Prueba A

Questions for Part I.
1. ¿Cómo es la clase de español?
2. ¿Cómo es el profesor (la profesora) de español?
3. ¿Están contentos los estudiantes?
4. ¿Dónde están los estudiantes que no están en clase hoy?

I. Answers will vary. Some probable answers are:
1. La clase de español es...
2. El profesor (La profesora) de español es...
3. Sí (No), los estudiantes (no) están contentos.
4. Los estudiantes que no están en clase hoy están...

II.
1. amable
2. idealistas
3. responsables
4. difícil

III. 1. a / de   2. _ / a   3. a / _   4. a / de

IV.
1. soy
2. es
3. somos
4. son

V.
1. malo
2. pequeño
3. optimista
4. viejo

VI.
1. Marisa llama al (a la) agente de viajes.
2. Tú buscas el mapa de la Argentina.
3. Yo pregunto la dirección del hotel.
4. Marisa y Roberto desean visitar Bahía Blanca.
5. Marisa, Roberto y yo estamos nerviosos pero contentos.

VII.
1. Soy
2. Soy / estoy
3. es

¡PUNTOS EXTRAS!
1. porteños
2. gauchos

Capítulo 2
Prueba B

Reading for Part I.
    Mi hermana Sofía es estudiante. Ella está de vacaciones en Buenos Aires, la capital de Argentina y "El París de Sudamérica". Buenos Aires es grande y cosmopolita. Sofía desea visitar la Casa Rosada porque es la casa del presidente de la república. Ella también desea visitar museos y escuchar óperas y conciertos en el famoso Teatro Colón. Sofía está muy contenta en Buenos Aires.

1. Sofía es…
2. Ella está…
3. Buenos Aires es…
4. Sofía desea visitar…
5. También desea escuchar óperas y conciertos en el famoso…

I.
1. estudiante
2. de vacaciones en Buenos Aires
3. la capital de Argentina
4. la Casa Rosada y museos
5. Teatro Colón

II. Answers will vary.

III. 1. a / de / _ 2. a 3. a 4. _ 5. de / de

IV.
1. Soy
2. son
3. están
4. es
5. estamos

V. El / el / del / La / del / _ / el / al / _ / al / la / del / del

VI. 1. c 2. d 3. a 4. b

VII. Answers will vary.

¡PUNTOS EXTRAS!
1. peso
2. cóndor (carpincho, jaguar)

Capítulo 3
Prueba A

Choose four of the following questions for Part I.
1. ¿Qué clases tiene usted este semestre (trimestre)?
2. ¿Cuál es la clase más difícil que tiene?
3. ¿Tiene ganas de estudiar hoy?
4. ¿Tiene que estudiar los fines de semana?
5. ¿Qué tiene ganas de hacer ahora?
6. ¿A qué hora viene a la universidad?

I. Answers will vary. Some probable answers are:
1. Tengo…
2. La clase más difícil que tengo es…
3. Sí (No), (no) tengo ganas de estudiar hoy.
4. Sí (No), (no) tengo que estudiar los fines de semana.
5. Tengo ganas de…
6. Vengo a la universidad a la(s)…

II.
1. viven
2. recibe
3. comemos
4. comprendo
5. vienes

III.
1. Su, mi
2. Su, nuestra
3. Sus, tus (vuestros)

IV. Answers will vary. Some probable answers are:
1. Salgo de casa a la(s)…
2. Vengo a la clase de español a la(s)…
3. Salgo de la clase de español a la(s)…
4. Sí, siempre pongo allí un libro. (No, nunca pongo allí un libro.)

V.
1. antropología (historia)
2. literatura
3. matemáticas

¡PUNTOS EXTRAS!
1. calendario
2. Teotihuacán

Capítulo 3
Prueba B

Reading for Part I.
En Ciudad de México hay muchas cosas interesantes que visitar, como el Palacio Nacional, el Museo Nacional de Antropología en el parque de Chapultepec y la biblioteca de la UNAM con sus estupendos mosaicos. Por la noche muchas personas escuchan la música de los mariachis en la Plaza de la Independencia. Muchos turistas también visitan las pirámides de Teotihuacán, que están cerca de Ciudad de México.

1. En Ciudad de México hay mucho que visitar.
2. La biblioteca de la UNAM tiene mosaicos estupendos.
3. El Museo Nacional de Antropología está en el Palacio Nacional.
4. Por la noche muchas personas escuchan la música de los mariachis.
5. Muchos turistas visitan las pirámides de Teotihuacán.
6. Las pirámides están lejos de Ciudad de México.

I. 1. Sí   2. Sí   3. No   4. Sí   5. Sí   6. No

II. 1. Son las cinco menos cuarto.   2. Son las dos menos veinte.

III. 1. Sus, nuestras   3. Su, nuestro
    2. Tu (Vuestra), mi

IV. 1. salimos   3. vienen
    2. hace   4. pongo

V. Answers will vary. Some probable answers are:
    1. Beatriz recibe un regalo de...   3. Silvia escribe...
    2. El niño abre la ventana.   4. Los estudiantes aprenden (leen)...

VI. Answers will vary. Some probable answers are:
    1. Estudio...
    2. Deseo estudiar ...
    3. La clase más interesante que tengo es...
    4. Creo que la historia es interesante (aburrida).

¡PUNTOS EXTRAS!
    1. el padre Francisco Hidalgo
    2. 20.000.000 (veinte millones, 20 millones)

Capítulo 4
Prueba A

Choose four of the following questions for Part I.
1. ¿Cuál es su estación favorita?
2. ¿Qué tiempo hace en su ciudad en el invierno?
3. ¿Qué tiene usted que hacer mañana?
4. ¿Cómo va a pasar las vacaciones?
5. ¿Cuál es la fecha de su cumpleaños?

I. Answers will vary. Some probable answers are:
1. Mi estación favorita es el verano.
2. Hace frío en mi ciudad en el invierno.
3. Tengo que…
4. Voy a…
5. Mi cumpleaños es el *(day)* de *(month)*.

II.
1. van a
2. va a
3. vamos a
4. vas a
5. voy a

III. Answers will vary.

IV.
1. cuatro mil trescientos
2. ciento ochenta
3. mil ochocientos dieciocho (mil ochocientos diez y ocho)

V.
1. (el) verano / hace (mucho)
2. está / lluvia
3. frío / (el) invierno
4. septiembre / octubre / noviembre

VI.
1. No, no tengo ganas de visitar a nadie hoy.
2. No, no deseo tomar nada.
3. No tengo ni hambre ni sed.
4. No, no hay ningún problema.

¡PUNTOS EXTRAS!
1. Santiago
2. catorce

Capítulo 4
Prueba B

Reading for Part I.
Me llamo Gloria Muñoz y soy chilena. Tengo dieciocho años y vivo con mi familia en Concepción. Estudio biología en la universidad. Tenemos una casa cerca del mar. En el verano nadamos mucho y vamos a las montañas. En el invierno, durante el mes de junio, vamos de vacaciones a la playa.

1. ¿De dónde es Gloria Muñoz?
2. ¿Con quiénes vive ella?
3. ¿Cuántos años tiene Gloria?
4. ¿Qué estudia Gloria?
5. ¿Adónde van Gloria y su familia en el invierno?

I. 1. Chile
    2. con la familia
    3. dieciocho
    4. biología
    5. a la playa

II. Answers will vary. Some possible answers are:
    1. ... vamos a viajar a México
    2. ... van a ir a la playa
    3. ... va a jugar al golf
    4. ... vas a esquiar mucho
    5. ... voy a visitar a unos primos

III. Answers will vary. Some probable answers are:
    1. Hace más calor en agosto.
    2. En Chile están en (*season*) ahora.
    3. Celebro mi cumpleaños el...
    4. Tengo clases los...

IV. Answers will vary. Some probable answers are:
    1. Antonio tiene (mucho) frío.
    2. Mis amigos tienen (mucha) hambre.
    3. Rita tiene (mucha) sed.

V. 1. catorce millones
    2. seis mil cuatrocientos treinta y cinco
    3. mil quinientos cuarenta y uno

VI. Answers will vary.

¡PUNTOS EXTRAS!
    1. diciembre / enero / febrero
    2. peso

Capítulo 5
Prueba A

Questions for Part I.
1. ¿Cómo es su ciudad?
2. ¿Qué piensa usted del barrio donde vive?
3. ¿Nieva en su ciudad? ¿Cuándo?
4. ¿Conoce usted la ciudad de Nueva York?
5. ¿Quiere vivir en Nueva York? ¿Por qué?

I. Answers will vary. Some probable answers are:
1. Mi ciudad es...
2. (Pienso que) el barrio donde vivo es...
3. Sí, (en mi ciudad) nieva en... (No, no nieva en mi ciudad.)
4. Sí (No), (no) la conozco.
5. Sí (No), (no) quiero vivir en Nueva York porque...

II. Answers will vary. Verb forms are as follows:
1. piensa
2. perdemos
3. prefieren
4. quieres
5. entiendo

III. Answers will vary.

IV.
1. Sí, lo conozco.
2. No, no lo pierdo.
3. Sí, lo hablo.
4. Sí, la conozco.
5. Sí, los conozco.

V. conozco / sé / Conoce / sabe

VI. Answers will vary.

¡PUNTOS EXTRAS!
1. pasaportes
2. escritor

Capítulo 5
Prueba B

Reading for Part I.

Puerto Rico es una isla tropical que está en el Mar Caribe, cerca de la República Dominicana. Raúl Julia, Rita Moreno y Héctor Elizondo son tres puertorriqueños muy famosos. En el centro de la isla hay muchas montañas y en la costa hay playas muy bonitas. San Juan, la capital de Puerto Rico, es una ciudad de arquitectura colonial. Allí también hay muchos hoteles, casinos y restaurantes modernos. Los puertorriqueños no necesitan pasaportes para venir a Estados Unidos.

1. Puerto Rico está en el Mar Caribe.
2. En la costa hay muchas montañas.
3. La arquitectura de San Juan es muy moderna.
4. Los puertorriqueños necesitan pasaporte para entrar a Estados Unidos.
5. Raúl Julia y Rita Moreno son dominicanos.

I. 1. V   2. F   3. F   4. F   5. F

II. 1. piensas
    2. pierdo
    3. cierra
    4. prefieren
    5. empezamos

III. 1. estas
    2. este
    3. aquellas
    4. aquel
    5. esta

IV. 1. Conoces / sé   2. Sabes / sé

V. Answers will vary.

VI. 1. c   2. c   3. b   4. a   5. c   6. b

¡PUNTOS EXTRAS!
    1. El Barrio
    2. puertorriqueños

Capítulo 6
Prueba A

Choose four of the following questions for Part I.
1. ¿Practica usted algún deporte? ¿Cuál?
2. ¿Prefiere usted correr o patinar?
3. ¿Saca usted fotos? ¿De qué?
4. ¿Toca usted el piano? ¿Otro instrumento musical?
5. ¿Qué pasatiempos cuestan poco dinero?
6. ¿Cuál es su pasatiempo favorito?

I. Answers will vary. Some probable answers are:
1. Practico el (la)...
2. Prefiero correr (patinar).
3. Sí, saco fotos de... (No, no saco fotos.)
4. Sí (No), (no) toco el piano. Toco el (la)...
5. ... y... cuestan poco dinero.
6. Mi pasatiempo favorito es...

II.
1. pregunta
2. pide / pregunta
3. pregunta
4. pide

III.
1. Lorenzo me presta sus discos compactos de Gloria Estefan.
2. Les compra boletos para el cine.
3. Muchas veces le sirve comida excelente.
4. Siempre te programa la computadora.
5. Este fin de semana nos va a pintar el cuarto de baño.

IV. 1. a   2. b   3. a   4. a   5. c

V.
1. Ustedes almuerzan comida mexicana.
2. Amelia duerme hasta las 11:00.
3. Nosotros jugamos al fútbol.
4. El Sr. Méndez encuentra su programa favorito en la radio.
5. Yo sueño con un viaje a Colombia.

VI. Answers will vary.

¡PUNTOS EXTRAS!
1. Amistad
2. montañas

Capítulo 6
Prueba B

Reading for Part I.
    Hay muchos pasatiempos populares en el mundo hispano. El fútbol es popular todos los meses del año, y otros deportes —como el vólibol y el tenis— también. La gente activa baila, corre, patina o practica otros deportes, pero otra gente prefiere escuchar música, pintar, sacar fotos, ir al cine o al teatro... o dormir. Cuando hace buen tiempo, muchas personas salen a dar un paseo por la plaza o por el parque. Esta actividad es muy popular porque de esa manera la gente habla mientras hace un poco de ejercicio.

    1. El fútbol es popular solamente durante la primavera.
    2. La gente activa baila, patina o practica deportes.
    3. Otra gente prefiere dormir.
    4. Cuando hace buen tiempo, mucha gente va al cine o al teatro.
    5. Muchas personas pasean por la plaza o por el parque para hacer ejercicio.

I.   1. F   2. V   3. V   4. F   5. V

II. 1. pido   3. pides
     2. pregunta   4. pregunta

III. 1. llueve   4. sigo
     2. sueña   5. dice
     3. juegan

IV. 1. Sí, les compro discos compactos.   4. Sí, le toco el piano.
     2. Sí, te (le) programo la computadora. 5. Sí, les preparo una cena deliciosa.
     3. Sí, les (nos) reservo un cuarto.

V. 1. Sí, te la presto.   3. Sí, se lo preparo (nos lo preparo).
     2. Sí, te las doy.   4. Sí, se lo leo.

VI. Answers will vary.

¡PUNTOS EXTRAS!
    1. Bogotá
    2. El Museo del Oro

Capítulo 7
Prueba A

Choose five of the following questions for Part I.
1. ¿A qué hora se levanta usted los días de clase?
2. ¿A qué hora se acuesta usted los fines de semana?
3. ¿A qué hora se despertó usted hoy?
4. ¿Se divirtió usted durante el fin de semana?
5. ¿Qué ropa se pone usted para ir a una fiesta?
6. ¿Qué colores prefiere usted llevar?

I. Answers will vary. Some probable answers are:
1. Me levanto a las… los días de clase.
2. Me acuesto a la(s)… los fines de semana.
3. Me desperté a las… hoy.
4. Sí (No), (no), me divertí durante el fin de semana.
5. Me pongo… y… para ir a una fiesta.
6. Prefiero llevar el… y el…

II. me levanto / Me lavo / me pongo / me siento / nos divertimos / me quito / me acuesto

III. Answers will vary.

IV. Answers will vary. Some probable answers are:
1. Alicia es tan alta como Diana.
2. Alicia tiene tantas clases como Diana.
3. Alicia tiene tanta ropa como Diana.
4. Alicia hace tantos ejercicios como Diana.

V. Answers will vary.

VI.
1. hermosísimo
2. popularísima
3. elegantísima
4. originalísima

VII. Answers will vary.

¡PUNTOS EXTRAS!
1. catalán
2. Pablo Picasso (Salvador Dalí, Joan Miró)

Capítulo 7
Prueba B

Reading for Part I.

El verano pasado mis hermanas y yo pasamos las vacaciones en España. En Madrid tomamos un tren que nos llevó a Barcelona. Nosotros nos quedamos en un hotel muy pequeño, pero bien en el centro. Un día comimos en un restaurante cerca de Las Ramblas. En el Parque Güell, mis hermanas sacaron muchas fotos. Yo di un paseo y visité el monumento a Cristóbal Colón. Nos divertimos mucho. Mis hermanas y yo regresamos muy contentos al hotel.

1. ¿Adónde los llevó el tren?
2. ¿Dónde comieron?
3. ¿Qué hicieron las hermanas en el Parque Güell?
4. ¿Qué visitó el hermano?
5. Después del paseo, ¿cómo llegaron los hermanos al hotel?

I. 1. a Barcelona
    2. cerca de Las Ramblas
    3. sacaron fotos
    4. el monumento a Cristóbal Colón
    5. contentos

II. Answers will vary. Some probable answers are:
    1. Jorge se despierta a las seis (y diez).
    2. Jorge se levanta y se pone las zapatillas.
    3. Jorge se lava la cara.
    4. Jorge se pone una chaqueta.

III. 1. fui
     2. jugaron
     3. corrimos
     4. se quedaron
     5. siguió
     6. durmió

IV. Answers will vary.

V. Answers will vary. Some probable answers are:
    1. Fidel es más alto que Manuel.
    2. María es más inteligente que Gloria.
    3. El padre de Roberto canta peor que Roberto.
    4. Ana juega mejor que Concha.

VI. Answers will vary.

¡PUNTOS EXTRAS!
    1. árabe
    2. gitanos

Capítulo 8
Prueba A

Choose four of the following questions for Part I.
1. ¿Qué no comen las personas que están a dieta?
2. ¿Qué le gusta almorzar a usted?
3. ¿Trajo algo de comer a la universidad hoy?
4. ¿Qué come cuando hace calor?
5. ¿Qué le encanta hacer los domingos?
6. ¿Qué clases le interesan más?

I. Answers will vary. Some probable answers are:
1. Las personas que están a dieta no comen postres.
2. Me gusta almorzar un sándwich.
3. Sí, traje… (No, no traje nada.)
4. Como… cuando hace calor.
5. Me encanta (*infinitive*) los domingos.
6. Me interesan más las clases de…

II. Answers will vary.

III. Answers will vary.

IV.
1. tuvimos
2. pudo
3. trajo (dio)
4. quiso (pudo)
5. fue
6. dimos

V. Answers will vary. Some probable answers are:
1. Fui al (a la)…
2. Estuve con…
3. Estudié para un examen de español. (Hice la tarea.)
4. Sí, vine a casa temprano.
5. No, no di una fiesta.

VI.
1. para
2. por
3. por
4. Por / para

VII. Answers will vary.

¡PUNTOS EXTRAS!
1. Hernán Cortés
2. Fernando Valenzuela (Nancy López)

Capítulo 8
Prueba B

Reading for Part I.

Nuevo México un el estado que queda al norte de México. El Río Bravo, que se conoce popularmente como el Río Grande, divide el territorio norteamericano del territorio mexicano. Santa Fe es la capital de Nuevo México. Otras ciudades importantes son Albuquerque y Las Cruces. En Nuevo México la población no es tan grande como a del otros estados norteamericanos. Los anglos y los hispanos son los dos grupos culturales más grandes. En la radio y en la televisión hay muchos programas en español.

I. 1. F   2. F   3. V   4. V

II. 1. pescado
    2. torta
    3. café (té)
    4. piña (ananá)

III. 1. supimos
     2. hizo
     3. quisieron / pudieron
     4. dijeron

IV. 1. Vinieron
    2. trajo
    3. pusieron
    4. Hubo
    5. quisiste

V. Answers will vary. Some probable answers are:
   1. (A Mateo) le encantan (le gustan) las frutas.
   2. (Al profesor Ruiz) le interesa la historia.
   3. (A la mamá de Pepito) le falta leche.
   4. (A nosotros) nos gusta (encanta) ir a la playa.

VI. 1. encima de
    2. para
    3. al lado de
    4. por / después de

¡PUNTOS EXTRAS!
   1. Linda Ronstadt
   2. Anthony Quinn (Edward James Olmos)

Capítulo 9
Prueba A

Choose four of the following questions for Part I.
1. ¿Qué le gustaba hacer cuando era niño(-a)?
2. ¿Qué hacía durante las vacaciones de verano?
3. ¿Qué película vio la semana pasada?
4. Anoche, ¿qué hizo después de comer?
5. ¿Qué tiempo hacía cuando se levantó esta mañana?

I. Answers will vary. Some probable answers are:
1. Cuando (yo) era niño(-a), me gustaba jugar.
2. Durante las vacaciones de verano iba a la playa.
3. La semana pasada vi…
4. Fui a la biblioteca después de comer.
5. Hacía frío cuando me levanté.

II.
1. tenía
2. vivía
3. trabajaba
4. era
5. íbamos
6. veíamos
7. jugábamos

III.
1. a. Estuve   b. Estaba
2. a. Veía   b. Vi
3. a. Fuimos   b. Íbamos
4. a. Estudiabas   b. Estudiaste
5. a. se llevaban   b. se llevaron

IV. Answers will vary.

V.
1. que
2. quien
3. que
4. que

VI. Answers will vary.

¡PUNTOS EXTRAS!
1. Tegucigalpa
2. el colón

Capítulo 9
Prueba B

Reading for Part I.
    Según el *Popol Vuh,* un libro maya muy importante, los dioses Tepeu y Gucumatz hicieron unas personas de madera. Pero esas personas no recordaron a los dioses, y ellos no estaban contentos con su creación. Después, los dioses hicieron personas de otros materiales, pero no estaban contentos con ellas tampoco. Con la ayuda de los animales los dioses hicieron personas de maíz. Por fin los dioses quedaron contentos, y las personas de maíz fueron los primeros mayas.

1. El *Popol Vuh* es un libro maya.
2. Tepeu y Gucumatz eran dos dioses mayas.
3. Las personas de madera recordaron a los dioses.
4. Los dioses estaban contentos con las personas de madera.
5. Los primeros mayas fueron personas de maíz.

I.   1. V   2. V   3. F   4. F   5. V

II.   Answers will vary.

III.
1. vivía
2. tuvo
3. tenía
4. se mudó
5. empezó
6. llegaron
7. volvieron
8. visitaron
9. esperaban
10. llegaron
11. pasaron

IV.
1. Hace dos horas que llegué aquí hoy.
2. Hace doce minutos que empezó esta prueba.
3. Hace cinco meses que tengo clases de español.

V.
1. quien
2. quien
3. que
4. que

VI. Answers will vary. Some probable answers are:
1. Luis y Rita se besan porque se quieren mucho (… porque están enamorados).
2. Luis le da un anillo a Rita porque quiere casarse con ella.
3. Los novios se casan en una iglesia (sinagoga) pequeña.

¡PUNTOS EXTRAS!
1. Rigoberta Menchú
2. Ciudad de Guatemala

Capítulo 10
Prueba A

Questions for Part I.
1. ¿Cómo le gusta viajar?
2. ¿Qué hace usted antes de empezar su viaje?
3. ¿Dónde se queda cuando viaja?
4. ¿Adónde tiene ganas de viajar?

I. Answers will vary. Some probable answers are:
1. Me gusta viajar en (por) avión.
2. Compro el pasaje y hago la maleta.
3. Me quedo en un hotel (una pensión) cuando viajo.
4. Tengo ganas de viajar a…

II. Answers will vary. Verb forms are as follows:
1. Vaya
2. Doble
3. Siga
4. Cruce
5. Camine

III.
1. Compra el boleto pronto.
2. Lleva la cámara.
3. No saques fotos en los museos.
4. Ve al aeropuerto temprano.

IV.
1. No las saquen ahora, señoras.
2. Ábrela, Pedro.
3. Cuéntelo, señor.
4. Déjenlo aquí, señores.
5. Cómprelos, señor.
6. No la cruces, Anita.

V. Answers will vary.

¡PUNTOS EXTRAS!
1. Yucatán
2. Chichén Itzá (Uxmal)

Capítulo 10
Prueba B

Reading for Part I.

El mes pasado mi amiga Erica y yo fuimos de vacaciones a Cancún. Cancún está en la Península de Yucatán. Nosotras fuimos por avión. En Cancún nos quedamos en un hotel cerca de la playa. Todos los días Erica y yo tomábamos sol en la playa y paseábamos por la ciudad. Hablamos en español con varios turistas argentinos. Una tarde Erica visitó Cozumel y vio unas ruinas mayas. Otro día yo fui a Isla Mujeres.

1. Las jóvenes fueron a Cancún a trabajar.
2. Ellas viajaron por tren.
3. El hotel estaba cerca de la playa.
4. Erica vio unas ruinas mayas en Cozumel.
5. Erica fue a Isla Mujeres.

I. 1. F   2. F   3. V   4. V   5. F

II. Answers will vary. Some probable answers are:
   1. Vengan a comer.
   2. Llegue más temprano.
   3. Abran sus libros.
   4. No cruce la calle.

III. 1. Come esas verduras.
   2. Haz la tarea.
   3. No mires la televisión ahora.
   4. No corras en la casa.
   5. Acuéstate ahora mismo.

IV. 1. Déjala aquí, Cindy.
   2. No los lleven aquí, chicos.
   3. No las saques en el museo, Will.
   4. Conózcanlas, chicas.
   5. Súbelas a la habitación, Susan.
   6. No lo olvides, Alice.

V. Answers will vary.

¡PUNTOS EXTRAS!
   1. Yucatán
   2. Guanajuato

Capítulo 11
Prueba A

Questions for Part I.
1. ¿Qué se hace en esta clase?
2. ¿Qué se necesita cuando se viaja a otro país?
3. ¿Quién le ha escrito a usted recientemente?
4. ¿En cuántas ciudades diferentes ha vivido usted?
5. ¿Qué había hecho usted antes de venir a esta universidad?

I. Answers will vary. Some probable answers are:
1. Se estudia español.
2. Se necesita (un) pasaporte y dinero.
3. Me ha escrito mi mamá.
4. He vivido en (*number*) ciudades diferentes.
5. Había terminado los estudios de la escuela secundaria.

II.
1. ¿Ya se terminó la huelga?
2. ¿Ya se apagaron los incendios?
3. ¿Ya se declaró la guerra?
4. ¿Ya se ganó el partido?

III.
1. hecho
2. pintadas
3. sacadas
4. escritos

IV.
1. he visto
2. ha prendido
3. han hecho
4. ha viajado
5. han ido

V.
1. habíamos visto
2. había estado
3. habían comido
4. habías viajado
5. me había quedado

¡PUNTOS EXTRAS!
1. Ciudad de Panamá
2. Colombia

Capítulo 11
Prueba B

Reading for part I.
En Centroamérica, Costa Rica es el país que está entre Nicaragua y Panamá. Su capital es San José, una ciudad muy bonita. El clima de Costa Rica es tropical; por eso se ven allá muchas flores y muchos árboles exóticos. La flor nacional es la orquídea. Costa Rica es una república democrática, quetiene elecciones cada cuatro años. Panamá y Costa Rica son los únicos países del continente americano que no tienen ejército. Una persona muy importante de Costa Rica es el ex presidente Óscar Arias, quien recibió el Premio Nóbel de la Paz en 1987.

1. Costa Rica está en América del Sur.
2. Su capital es La Paz.
3. El clima de Costa Rica es tropical.
4. Costa Rica es un país democrático.
5. El presidente actual es Óscar Arias.

I. 1. F   2. F   3. V   4. V   5. F

II. Answers will vary. Some probable answers are:
   1. Se estudia en la biblioteca.
   2. Se come mal (bien) en la cafetería.
   3. Se va a… los fines de semana.
   4. Los libros de texto se compran en la librería.
   5. Se baila (va al cine) para divertirse.

III. 1. Sí, ya están hechas.
   2. Sí, ya está puesto (en la mochila).
   3. Sí, ya está resuelto.
   4. Sí, ya está cerrada.

IV. Answers will vary.

V. Answers will vary. Some probable answers are:
   1. Nunca me había quedado en una pensión.
   2. Pablo nunca había visitado Costa Rica.
   3. Josefina y Lupe nunca habían visto un volcán.
   4. Tú nunca habías estado en Centroamérica.

¡PUNTOS EXTRAS!
   1. el balboa
   2. Managua

Capítulo 12
Prueba A

Choose five of the following questions for Part I.
1. ¿Cuál es su día de fiesta favorito?
2. En general, ¿cómo celebra su cumpleaños?
3. ¿Celebra su familia el Día de Reyes?
4. ¿Qué le piden sus amigos?
5. ¿Qué le prohíben sus padres?
6. ¿Qué quiere usted que haga su profesor(a) de español?

I. Answers will vary. Some probable answers are:
1. Mi día de fiesta favorito es...
2. Celebro mi cumpleaños con una fiesta.
3. Sí (No), mi familia (no) celebra el Día de Reyes.
4. Mis amigos me piden dinero (que les preste el coche).
5. Mis padres me prohíben fumar (que fume).
6. Quiero que me (nos) dé menos tarea.

II.
1. Mamá quiere que (tú) decores el comedor.
2. Abuela manda que los niños se vistan ahora.
3. Papá pide que (nosotros) tengamos cuidado con las copas.
4. Mamá y Papá prohíben que (yo) toque música rock.

III.
1. La profesora quiere que nosotros saquemos los cuadernos.
2. Ella pide que Luis y Ana escriban en la pizarra.
3. El profesor manda que Marlena vaya al laboratorio.
4. Él no permite que tú leas una novela en clase.

IV.
1. No, no estudiemos.
2. No, no lo veamos.
3. Sí, visitémosla.
4. No, no asistamos (al Ballet Folklórico).
5. Sí, organicémosla.

V. Answers will vary.

¡PUNTOS EXTRAS!
1. las Posadas
2. franceses

Capítulo 12
Prueba B

Reading for Part I.

Para los mexicanos y para muchos mexicano-americanos del suroeste de los Estados Unidos, las fiestas navideñas empiezan con las Posadas y terminan con una misa cantada. La celebración representa a José y a María, que buscan sitio donde quedarse en Belén. Ellos piden ayuda de casa en casa. Muchas familias adornan sus casas con un nacimiento o escena de la sagrada familia: José, María y el Niño Jesús. Otra costumbre típicamente hispana es que los niños dejen sus zapatos en la ventana. De esta forma los Reyes Magos saben dónde hay niños. Los tres Reyes Magos son Melchor, Gaspar y Baltazar, y son ellos los que les dejan regalos a los niños buenos.

1. En México las fiestas navideñas empiezan con...
2. José y María buscan...
3. Un adorno muy popular es el...
4. Los niños ponen sus zapatos...
5. Los niños buenos reciben regalos de...

I. 1. las Posadas
    2. casa
    3. nacimiento
    4. en la ventana
    5. los tres Reyes Magos

II. 1. vaya
    2. leamos
    3. aprenda
    4. hablemos
    5. me queje

III. 1. Sí, Mamá pide que tú prepares una torta.
     2. Sí, Papá quiere que yo ayude a preparar la comida.
     3. Sí, Tía Rosa manda que nosotros pongamos la mesa.
     4. Sí, quiero que Enrique compre una piñata.
     5. Sí, todos queremos que la fiesta sea una sorpresa.

IV. Answers will vary. Verb forms are as follows:
    1. Vamos
    2. Comamos
    3. Bailemos
    4. Durmamos

V. Answers will vary. Some possible answers are:
   1. Roberto pide (quiere) que su novia baile con él.
   2. La madre prohíbe (no permite) que la niña coma chocolates.
   3. La Sra. Díaz no quiere (prohíbe, no permite) que su marido fume.

¡PUNTOS EXTRAS!
1. Puebla
2. Trabajadores

Capítulo 13
Prueba A

Questions for Part I.
1. ¿Qué parte del cuerpo le duele a usted cuando corre mucho?
2. ¿Cuáles son los síntomas de un resfrío?
3. ¿Qué le aconseja el médico a una persona con problemas respiratorios?
4. ¿Qué le prohíbe el médico a una persona con problemas respiratorios?
5. ¿Qué hace usted cuando se enferma?

I. Answers will vary. Some probable answers are:
1. Me duelen las piernas cuando corro mucho.
2. Los síntomas de un resfrío son la fiebre, la tos, el dolor de cabeza, etc.
3. Le aconseja descansar, tomar líquidos, tomar aspirina, etc.
4. Le prohíbe fumar.
5. Descanso, tomo vitaminas, etc.

II.
1. la
2. ___
3. la
4. los
5. la

III.
1. fumes
2. reciba
3. se levante
4. traiga
5. nos enfermemos

IV. 1. d   2. c   3. e   4. b   5. a

V.
1. los ojos (la cabeza)
2. los pies (las piernas)
3. el estómago
4. los brazos (las manos, la espalda, las piernas)
5. la garganta
6. las manos

¡PUNTOS EXTRAS!
1. "la pequeña Habana"
2. Fidel Castro

Capítulo 13
Prueba B

Reading for Part I.

Me llamo Luis Román. Esta mañana me levanté enfermo. Alberto, mi compañero de cuarto, me llevó a una clínica. La enfermera me preguntó si yo tenía fiebre. Yo le dije que no, pero que sí tenía mareos. También me dolía la garganta. Luego el Dr. Mendoza me puso una inyección y me dio unos medicamentos. También me dijo que debía tomar mucha agua y descansar por tres días.

1. Luis fue a una…
2. La enfermera le preguntó si tenía…
3. Luis tenía dolor de…
4. El doctor le puso una inyección y le dio unos…
5. El doctor también le recomendó…

I. 1. clínica
    2. fiebre
    3. garganta
    4. medicamentos
    5. descansar

II. 1. las
    2. los
    3. las
    4. ___
    5. El
    6. las
    7. ___
    8. ___

III. 1. descanse
    2. duermas
    3. tomemos
    4. coman
    5. haga

IV. Answers will vary. Some possible answers are:
    1. Inés se alegra de que su novio le traiga un regalo.
    2. El doctor cree que el señor tiene gripe.
    3. Luis duda que llueva.

V. Answers will vary.

¡PUNTOS EXTRAS!
1. José Martí
2. Centroamérica (El Salvador y Nicaragua)

Capítulo 14
Prueba A

Questions for Part I.
 1. ¿Dónde vivirá después de terminar sus estudios?
 2. ¿Adónde irá el próximo verano?
 3. ¿Qué hará para divertirse este fin de semana?
 4. ¿Qué podría hacer en Perú?
 5. ¿Qué están haciendo sus padres ahora?

I. Answers will vary. Some probable answers are:
 1. Después de terminar mis estudios viviré en...
 2. El próximo verano iré a...
 3. Este fin de semana iré a fiestas.
 4. En Perú podría visitar Macchu Picchu.
 5. (Mis padres) están (estarán) trabajando.

II. Answers will vary. Some probable answers are:
 1. Viviré en...
 2. Te casarás con...
 3. Pablo será...
 4. Viajaremos a...
 5. Trabajarán en...

III. Answers will vary.

IV. Answers will vary. Some probable answers are:
 1. están nadando
 2. está estudiando
 3. están comiendo
 4. estás haciendo ejercicio
 5. estamos comprando ropa

V. Answers will vary.

¡PUNTOS EXTRAS!
 1. Lima
 2. Amazonia

Capítulo 14
Prueba B

Reading for Part I.
　　Mucha gente del futuro vivirá en colonias en el espacio. No habrá casas para familias particulares. En la sala habrá un televisor y también una computadora que permita ver lo que ocurre en otras partes del mundo. Los muebles serán muy pequeños, pero muchos muebles tendrán más de un uso. Las paredes serán movibles. Mucha gente vivirá hasta la edad de cien años o más porque habrá curas para el cáncer y para otras enfermedades ahora incurables. Como consecuencia, mucha gente se casará más de una vez. Se inventarán muchas cosas nuevas: por ejemplo, píldoras para mejorar la memoria.

Según la selección,
1. Mucha gente vivirá en colonias en el espacio.
2. Los muebles serán muy grandes.
3. La gente vivirá hasta la edad de cien años.
4. Todavía no habrá cura para el cáncer.
5. Se inventarán píldoras para mejorar la memoria.

I.　1. V　　2. F　　3. V　　4. F　　5. V

II.　1. La gente descubrirá...　　4. Tú podrás...
　　2. Nosotros tendremos...　　5. Yo viajaré...
　　3. No habrá...

III.　Answers will vary.

IV.　Answers will vary. Some probable answers are:
　　1. Los Sres. López están comiendo.
　　2. La Srta. Blanco está hablando por teléfono.
　　3. La vendedora le está mostrando unos vestidos a una cliente.

V.　envié por correo electrónico / envié por fax / recorrí la Red / imprimí / salí del sistema

¡PUNTOS EXTRAS!
　　1. el nuevo sol
　　2. Andes

Capítulo 15
Prueba A

Questions for Part I.
1. ¿Cuándo se pone nervioso(-a) usted?
2. ¿Conoce a alguien que tenga más de cien años?
3. ¿Hay alguien en esta clase que sepa hablar español muy bien?
4. ¿Qué cosas le asustan a usted?
5. ¿Qué hace cuando su mejor amigo(-a) está triste o deprimido(-a)?

I. Answers will vary. Some probable answers are:
1. Me pongo nervioso(-a) cuando tengo un examen.
2. Sí, conozco a alguien que tiene más de cien años.
   (No, no conozco a nadie que tenga más de cien años.)
3. Sí, hay alguien que sabe hablar español muy bien: ¡el (la) profesor(-a)!
4. Me asustan...
5. Cuando mi mejor amigo(-a) está triste o deprimido(-a), yo hablo con él (ella).

II. Answers will vary.

III.
1. llama
2. tengan
3. vayamos
4. sepa
5. supo

IV. acabo de invitar / al recibir / tengo que comprar / hay que ir

V. Answers will vary. Some probable answers are:
1. Está (Se siente) alegre (contento, feliz).
2. Está (Se siente) triste (deprimida, desilusionada).
3. Está (Se siente) asustado. (Tiene miedo.)
4. Está (Se siente) orgullosa.
5. Está (Se siente) furiosa (enojada, celosa). (Tiene celos.) (Le da rabia.)

¡PUNTOS EXTRAS!
1. Asunción
2. español / guaraní

Capítulo 15
Prueba B

Reading for Part I.

Arturo está muy feliz porque acaba de obtener un empleo muy bueno. Ahora va a ganar más dinero y podrá casarse con su novia Mariela. Este trabajo representa un mejor futuro para la pareja. Por la noche, Arturo visita a Mariela. Ella está deprimida porque perdió su trabajo en la agencia de viajes. Arturo le da su buena noticia. Mariela lo abraza. ¡Que alegría! No tendrán que esperar más. La boda será el próximo mes.

1. Al obtener el empleo Arturo se siente…
2. El trabajo nuevo representa un futuro…
3. Mariela estaba…
4. Al recibir la noticia Mariela lo…
5. El próximo mes habrá…

I. 1. feliz
    2. mejor
    3. deprimida
    4. abraza
    5. una boda

II. 1. es
    2. pague
    3. tiene
    4. gane
    5. quiera

III. Answers will vary.

IV. 1. b   2. c   3. b

V. Answers will vary.

¡PUNTOS EXTRAS!
    1. Montevideo
    2. Asunción

Capítulo 16
Prueba A

Questions for Part I.
1. ¿Dónde compra usted su ropa?
2. Si yo le diera cien dólares, ¿qué haría?
3. ¿En qué gasta usted mucho dinero?
4. ¿Qué compra usted cuando hace un viaje?
5. Si fuera a Venezuela, ¿qué compraría allí?

I. Answers will vary. Some probable answers are:
1. Compro mi ropa en Macy's (una tienda).
2. Compraría discos compactos.
3. Gasto mucho dinero en libros.
4. Compro alfarería y tapices cuando hago un viaje.
5. Compraría una frazada de lana si fuera a Venezuela.

II. Answers will vary. Verb forms are as follows:
1. se levantara…
2. fumara…
3. saliera…
4. fuera…
5. trabajara…

III. Answers will vary.

IV.
1. por / por
2. por / para
3. por

V. Answers will vary. Some probable answers are:
1. Voy a comprar papas y un poncho.
2. Voy a comprar pan y galletas.
3. Voy a mirar sillones y sofás.
4. Voy a comprar cheques de viajero y a cambiar dinero.

¡PUNTOS EXTRAS!
1. Caracas
2. Ángel

Capítulo 16
Prueba B

Reading for Part I.
Me gustaría visitar Venezuela el próximo año. Mi amigo Beto estuvo en Caracas, la capital. Venezuela está en el norte de América del Sur, en la costa del Mar Caribe. El río Orinoco divide el país en dos regiones muy fértiles. Caracas es una ciudad grande e interesante. Beto me dijo que la industria principal de Venezuela es el petróleo. También me habló de Simón Bolívar, un héroe de la independencia. Mi amigo me dijo que la unidad monetaria es el bolívar.

1. Venezuela está en América Central.
2. El río Orinoco divide el país en dos regiones.
3. Caracas es una ciudad pequeña, pero interesante.
4. La industria principal de Venezuela es el petróleo.
5. Bolívar fue un héroe de la independencia.

I.   1. F   2. V   3. F   4. V   5. V

II. Answers will vary. Verb forms are as follows:
1. escribiera
2. comiera
3. viviera
4. se cuidara
5. saliera

III. Answers will vary. Some probable answers are:
1. Si no tuviera dinero, trabajaría.
2. Si no tengo clases mañana, dormiré hasta tarde.
3. Si fuera presidente de este país, hablaría con los senadores.
4. Si estoy muy enfermo(-a), voy al doctor.
5. Si recibo una "D" en esta prueba, estudiaré más en el futuro.

IV. Answers will vary. Some probable answers are:
1. Raúl va al supermercado por pan, fruta y leche.
2. Catalina trabaja por la noche para terminar su composición para el 10 de marzo.
3. Allí venden las bananas por 10 pesos el kilo.

V. Answers will vary.

¡PUNTOS EXTRAS!
1. El bolívar
2. pequeña

Capítulo suplementario
Prueba A

Questions for Part I.
1. ¿Le gusta ir de campamento?
2. ¿Qué es lo bueno de las montañas?
3. ¿Qué es lo más bonito del otoño?
4. ¿Cómo es el invierno donde usted vive?
5. ¿Qué le gusta del verano?

I. Answers will vary. Some probable answers are:
   1. Sí (No), (no) me gusta ir de campamento.
   2. Lo bueno de las montañas es la nieve.
   3. Lo más bonito del otoño son las hojas de los árboles.
   4. Hay mucha nieve (lluvia, niebla) en el invierno donde vivo.
   5. Me gusta el sol (el calor).

II. Answers will vary.

III. 1. Sí (No), (no) son mías.   3. Sí (No), (no) es tuyo.
     2. Sí (No), (no) son suyos.   4. Sí (No), (no) es suya.

IV. 1. a   2. b

V. Answers will vary.

¡PUNTOS EXTRAS!
1. El sucre
2. la línea del ecuador

Capítulo suplementario
Prueba B

Reading for Part I.

El mercado de Otavalo es el más famoso de los mercados nativos de Ecuador. Otavalo está situado a unas dos horas al norte de Quito. Allí hace frío en las montañas. Otavalo es famoso por sus tejidos hechos a mano. Los otavaleños han conservado sus diseños tradicionales en los ponchos, suéteres y otros artículos que hacen. Los indios hablan quechua, el idioma de los incas, pero también hablan perfectamente el español. El mercado tiene lugar una vez a la semana (todos los sábados).

1. Otavalo está…
2. En el mercado de Otavalo se venden…
3. Los indios de Otavalo hablan…
4. También hablan…
5. El mercado tiene lugar…

I. 1. en las montañas
    2. ponchos, suéteres, etc.
    3. quechua
    4. español
    5. todos los sábados

II. Answers will vary.

III. 1. Sí (No), (no) son mías.
     2. Sí (No), (no) son suyos.
     3. Sí (No), (no) es suyo.
     4. Sí (No), (no) es tuya.

IV. 1. c   2. c

V. Answers will vary. Some probable answers are:
   1. Las canciones fueron cantadas por mis amigos.
   2. La ventana fue rota por el niño.
   3. El café fue servido por el camarero.
   4. La cena y el postre fueron hechos (preparados) por papá.

¡PUNTOS EXTRAS!
   1. Quito
   2. las Islas Galápagos

Capítulo preliminar
Lectura A

Tarjeta postal.
1. He feels bad because his history class is horrible.
2. His name is Luigi Contini.
3. His English class is excellent.
4. Jorge's English teacher is a woman.
5. He has to go to the language laboratory to practice Spanish.

Lectura B

Tarjeta postal.
1. c
2. b
3. a
4. b
5. c

Capítulo 1
Lectura A

En Madrid, capital de España.
1. Madrid is the capital of Spain.
2. They visit the Prado Museum, the *Casón del Buen Retiro,* and the *Palacio de Oriente* (museums and parks).
3. There are paintings by El Greco, Velázquez, and Goya.
4. The *Palacio de Oriente* was formerly used as the living quarters of the kings and queens of Spain.
5. Today the *Palacio de Oriente* is used as a museum and palace for formal occasions.

Lectura B

En Madrid, capital de España.
1. a
2. b
3. c
4. c
5. b

Capítulo 2
Lectura A

El París de Sudamérica.
1. Buenos Aires is often compared to Paris because it is a modern cosmopolitan city, and it is full of elegant shops, theaters, restaurants, cafés, etc.
2. They can find elegant shops on the *Calle Florida*.
3. *Avenida Corrientes* has a lot of theaters, restaurants, and cafes.
4. At the *Teatro Colón* you can attend concerts and operas.
5. It began in the *Plaza de Mayo*.

Lectura B

El París de Sudamérica.
1. a
2. c
3. b
4. c
5. b

Capítulo 3
Lectura A

La UNAM.
1. The UNAM is a very important university in Latin America.
2. The library is decorated with mosaics that describe the history of Mexico.
3. The Olympic Stadium is located there.
4. The UNAM was founded (eighty-five years) before Harvard.
5. One can study anthropology, political science, engineering, mathematics, literature, and many other fields.

Lectura B

La UNAM.
1. b
2. a
3. b
4. b
5. c

Capítulo 4
Lectura A

Isabel Allende.
1. It is a famous novel by Isabel Allende.
2. She is Chilean.
3. She began it in Venezuela.
4. It is a film based on the novel *La casa de los espíritus*.
5. She always begins a new book.

Lectura B

Isabel Allende.
1. b
2. a
3. b
4. c
5. a

Capítulo 5
Lectura A

Los puertorriqueños en Estados Unidos.
1. Most Puerto Ricans live in big cities such as New York City, Philadelphia, Chicago, and Boston.
2. They come to the United States to find work.
3. They plan to return to Puerto Rico after they earn enough money.
4. They encounter poverty, crime, unemployment, and air pollution. It is not easy for them to find work, and they face discrimination.
5. Some have very good jobs, and many are professionals.

Lectura B

Los puertorriqueños en Estados Unidos.
1. c
2. b
3. c
4. b
5. a

Capítulo 6
Lectura A

Las diversiones en el mundo hispánico.
1. The tango originated in Argentina.
2. The *cumbia* is a dance that is very popular in Colombia and Venezuela.
3. In Spain there are special clubs for watching movies.
4. Many young people sing folk songs and play the guitar.
5. People stroll in parks or along the streets.

Lectura B

Las diversiones en el mundo hispánico.
1. b
2. a
3. c
4. a
5. c

Capítulo 7
Lectura A

Un viaje a Barcelona.
1. Heather visited Barcelona last year.
2. She went with her Spanish host family.
3. They stayed at a hotel near *Las Ramblas*.
4. They visited many famous places such as the *Templo de la Sagrada Familia*, the Cathedral, and the monument to Christopher Columbus.
5. The two youngest daughters wanted to visit an amusement park on *Monte Tibidabo*.

Lectura B

Un viaje a Barcelona.
1. b
2. a
3. c
4. b
5. c

Capítulo 8
Lectura A

Los mexicano-americanos.
1. The largest Hispanic group in the United States is that of the Mexican-Americans.
2. Most Mexican-Americans live in Texas, California, Illinois, and southwestern states such as New Mexico and Arizona.
3. Mexican-Americans have a long history in the United States because many are descendants of the Spaniards who colonized the Southwest before the arrival of the Anglos.
4. César Chávez founded the United Farm Workers.
5. Henry Cisneros is a former mayor of San Antonio, Texas, and a former member of President Clinton's cabinet; Toney Anaya is a former governor of New Mexico.

Lectura B

Los mexicano-americanos.
1. b
2. b
3. b
4. c
5. a

Capítulo 9
Lectura A

El Salvador.
1. Jorge went to El Salvador three months ago with a friend.
2. El Salvador is in Central America, between Guatemala and Honduras.
3. The capital of El Salvador is San Salvador.
4. *Joya de Cerén* is a prehistoric village (one of the most recent archeological discoveries in El Salvador).
5. Its remains show what the lives of Central American peasants were like fourteen centuries ago.

Lectura B

El Salvador.
1. b
2. a
3. b
4. c
5. b

Capítulo 10
Lectura A

Un viaje a México.
1. They were planning to stay in Mexico for two weeks.
2. They bought round-trip tickets.
3. In the afternoon, Laura worked in the library.
4. Carlos went to several places of interest, including the Museum of Anthropology and the National Palace.
5. They loved everything: the history of Mexico, the food, and especially the people.

Lectura B

Un viaje a México.
1. b
2. a
3. c
4. a
5. b

Capítulo 11
Lectura A

Costa Rica, país sin ejército.
1. Costa Rica is in Central America, between Nicaragua and Panama.
2. Its main products are coffee, sugar, bananas, meat, and cocoa.
3. Costa Rica doesn't have an army.
4. Costa Rica is a democracy.
5. Óscar Arias was president of Costa Rica in 1987, when he won the Nobel Peace Prize for his plan to end the wars in Nicaragua and El Salvador.

Lectura B

Costa Rica, país sin ejército.
1. b
2. a
3. b
4. c
5. b

Capítulo 12
Lectura A

La Navidad.
1. Christmas is being described in this reading.
2. Children receive gifts on Christmas Eve or Christmas Day.
3. In most Hispanic countries, children receive gifts on January 6th.
4. The most important Christmas decoration in most Hispanic homes this time of year is a Nativity scene.
5. In both cultures people go to church and have big meals with special desserts.

Lectura B

La Navidad.
1. c
2. a
3. b
4. c
5. a

Capítulo 13
Lectura A

Cuba.
1. Christopher Columbus arrived in Cuba in 1492.
2. The island's name comes from "Cubacán," the name of an Indian chief.
3. Cuba's main industry is sugar.
4. Cuba has a pleasant climate, colonial buildings, and many pretty beaches.
5. Cuba has a Communist government.

Lectura B

Cuba.
1. a
2. a
3. b
4. c
5. c

Capítulo 14
Lectura A

Perú.
1. Peru's geography is quite varied. There one can see valleys, mountains, jungle, and deserts.
2. The downtown is colonial, but there are also many new neighborhoods.
3. Many archeologists go to Peru to study the Incan and pre-Incan civilizations.
4. In Cuzco one can see many examples of Incan architecture.
5. Quechua is usually spoken in small towns in Peru.

Lectura B

Perú.
1. a
2. b
3. c
4. a
5. b

Capítulo 15
Lectura A

Paraguay.
1. Paraguay is (located) in South America, south of Bolivia, north of Argentina and southwest of Brazil.
2. Paraguay is similar to Bolivia in that neither country has a seacoast.
3. Paraguay has about four million inhabitants.
4. In Paraguay people speak Spanish and Guaraní.
5. Paraguay is famous for its hydroelectric projects. Itaipú Dam is the world's largest.

Lectura B

Paraguay.
1. b
2. b
3. c
4. a
5. c

Capítulo 16
Lectura A

Venezuela.
1. Venezuela is (located) in the northern part of South America, east of Colombia and north of Brazil.
2. The Indians' houses on Lake Maracaibo reminded the Spaniards of Venice.
3. Venezuela owes its wealth to its oil industry.
4. Today, Venezuela is having financial problems due to low oil prices.
5. Caracas is a big, modern city with many tall buildings and a very impressive system of highways.

Lectura B

Venezuela.
1. c
2. a
3. a
4. b
5. b

Capítulo suplementario
Lectura A

Una carta.
1. José has been in Quito one week.
2. The weather in Quito is very pleasant, but at night it gets a bit chilly.
3. He got sick when he first arrived.
4. So far José has seen Sucre's house and the Cathedral, where Sucre is buried.
5. José plans to go to Otavalo with some Ecuadorean friends and buy himself a poncho in the Indian market there.

Lectura B

Una carta.
1. c
2. a
3. a
4. b
5. c

Examen comprensivo I (A)
Capítulos P–8

Reading for Part I.
    Querido Bob:
        Buenos Aires es una ciudad grande y muy interesante. Estoy en "El Porteño", un hotel muy céntrico. Al lado del hotel hay un buen restaurante donde sirven comida típica argentina ¡deliciosa! El hotel también está cerca de la famosa Plaza de Mayo. Ayer conocí a unos parientes de mi padre. Nosotros dimos un paseo por el centro y visitamos el Teatro Colón. Mañana viajo a Córdoba. Vuelvo a Buenos Aires el próximo viernes. ¡Hasta pronto!
                                                      Cariños,
                                                      Pam

Choose six of the following questions.
1. ¿Cómo es Buenos Aires?
2. ¿Cómo se llama el hotel?
3. ¿Qué hay al lado del hotel?
4. ¿Qué sirven allí?
5. ¿A quién conoció Pam?
6. ¿Qué visitaron ella y sus parientes?
7. ¿Adónde viaja Pam mañana?
8. ¿Cuándo vuelve ella a Buenos Aires?

I.
1. Buenos Aires es una ciudad grande y muy interesante.
2. El hotel se llama "El Porteño".
3. Al lado del hotel hay un buen restaurante.
4. Allí sirven comida típica argentina.
5. Ella conoció a unos parientes de su padre.
6. Ellos visitaron el Teatro Colón.
7. Ella viaja a Córdoba mañana.
8. Ella vuelve a Buenos Aires el próximo viernes.

II. Answers will vary.

III.
1. Qué
2. Cómo
3. Dónde
4. Con quién
5. Cuál

IV.
1. esta / muchas / coloniales
2. tercer / grande / moderno
3. Aquella / francesa / elegante
4. varios / alemanes / excelentes

V.
1. Sí (No), (no) lo hablo.
2. Sí (No), (no) me lo prestan.
3. Sí (No), (no) sé bailarlo (lo sé bailar).
4. Sí (No), (no) te las presento.
5. Sí (No), (no) nos los compro (se los compro).

VI. Answers will vary. Some probable answers are:
1. ¿Te gusta nuestra universidad?
2. ¿Te interesan los deportes?
3. ¿Te encanta ir al cine?
4. ¿Te importa el amor?
5. ¿Te falta tiempo?
6. ¿Te importan los amigos?

VII.
1. fuimos
2. Nos quedamos
3. asistió
4. visité
5. compraron
6. se encontró
7. dieron
8. tomamos
9. saqué
10. fue

VIII.
1. me pongo
2. se levantan (se acuestan)
3. nos acostamos (nos levantamos)
4. se lava
5. se divierte

IX. Answers will vary. Some probable answers are:
1. bolígrafo
2. ocho / noviembre
3. un traje
4. hambre
5. pollo / helado / un refresco
6. primos
7. el tenis / el fútbol
8. Qué lástima
9. biología / literatura
10. banco

X. Answers will vary.

XI.
1. por / para
2. por
3. por
4. para
5. para

XII.
1. Los españoles llegaron a América en el siglo XVI.
2. Según la lectura, las mujeres amazonas (con su reina Calafía) vivieron antes en California.
3. Hernán Cortés descubrió la península que hoy día se llama Baja California.
4. Muchos españoles se quedaron a vivir en el sur de Estados Unidos. Ellos trajeron su cultura, su lengua y su religión.
5. Algunos indios aprendieron español de los españoles; los españoles también los convirtieron a la religión católica.
6. Podemos observar la influencia o presencia hispánica en los nombres de muchos estados, y también en la música, la política, las artes, la religión, etc.
7. Ahora hay comunidades hispanas en prácticamente todos los estados de Estados Unidos.

Examen comprensivo I (B)
Capítulos P-8

Reading for Part I.
Querido Bob:
    Buenos Aires es una ciudad grande y muy interesante. Estoy en "El Porteño", un hotel muy céntrico. Al lado del hotel hay un buen restaurante donde sirven comida típica argentina: ¡deliciosa! El hotel también está cerca de la famosa Plaza de Mayo. Ayer conocí a unos parientes de mi padre. Nosotros dimos un paseo por el centro y visitamos el Teatro Colón. Mañana viajo a Córdoba. Vuelvo a Buenos Aires el próximo viernes. ¡Hasta pronto!
                                                                Cariños,
                                                                Pam

1. Buenos Aires es una ciudad...
2. "El Porteño" es el nombre de...
3. El hotel está cerca...
4. Pam conoció a unos parientes...
5. Mañana ella viaja a...
6. Ella vuelve a Buenos Aires el próximo...

I. 1. grande
    2. un hotel
    3. de la Plaza de Mayo
    4. de su padre
    5. Córdoba
    6. viernes

II. Answers will vary.

III. 1. cómo
     2. cuándo / dónde
     3. quién
     4. Qué
     5. Por qué

IV. 1. esta / mucha / interesante
    2. Aquellos / franceses / inteligentes
    3. dos / argentinas / simpáticas
    4. perezosa / trabajadora / idealista

V. 1. Sí, lo hablo.
    2. Sí, (mis padres) me los dan.
    3. Sí, te lo presto.
    4. Sí, las sé tocar. (Sí, sé tocarlas.)
    5. Sí, se la sirvo. (Sí, nos la sirve.)

VI. Answers will vary. Some possible answers are:
    1. ¿Te gusta la comida mexicana?
    2. ¿Te importa la política?
    3. ¿Te falta dinero o tiempo?
    4. ¿No te interesan los problemas urbanos?
    5. ¿Te encantan los postres?
    6. ¿No te gusta el cine (el teatro)?

VII. 1. fuimos
      2. Nos quedamos
      3. asistió
      4. visité
      5. compraron
      6. se encontró
      7. dieron
      8. tomamos
      9. saqué
     10. fue

VIII. 1. se pone
      2. me levanto
      3. se lava
      4. se quedan
      5. nos preocupamos

IX.   1. paraguas
      2. librería
      3. sandalias
      4. vendedora
      5. primo
      6. banco
      7. sed
      8. verano
      9. química
     10. tocar

X.   1. por
      2. para
      3. por / para
      4. por
      5. para

XI.   1. c
      2. c
      3. b
      4. b
      5. c
      6. b
      7. a
      8. c
      9. b

XII. Answers will vary.

Examen comprensivo II (A)
Capítulos 9–16

Reading for Part I.

Querido Eddie:

Acabo de regresar a Madrid después de un viaje por el norte de España. Santander está en la costa del Mar Cantábrico. Alisa y yo viajamos por autobús. Al llegar a la ciudad encontramos una pensión que sólo costaba 11.000 pesetas la noche. Allí conocimos a los Jiménez, una pareja muy simpática. Ellos eran de Nuevo México. Ellos y nosotros nos hicimos muy buenos amigos. Todos los días íbamos a nadar en el mar, y prácticamente todas las noches comíamos pescado y tortillas. También tomábamos sangría, una bebida que tiene vino y frutas. Nos divertimos muchísimo. Eddie, espero que puedas venir a visitarnos en la primavera. Alisa, tú y yo podríamos hacer un viaje a Valencia, en la costa del Mar Mediterráneo. Escribe y cuéntame cuándo vendrás, ¿de acuerdo?

Un abrazo,
Jenny

1. ¿De dónde acaban de llegar Jenny y Alisa?
2. ¿Dónde está Santander?
3. ¿Cuánto costaba la pensión?
4. ¿A quiénes conocieron allí?
5. ¿De dónde era la pareja?
6. ¿Qué hacían ellos durante el día?
7. ¿Qué es la sangría?
8. ¿Dónde está Valencia?

I.
1. Ellas acaban de llegar de Santander (*or:* de un viaje por el norte de España).
2. Santander está en el norte de España (*or:* en la costa del Mar Cantábrico).
3. La pensión costaba 11.000 pesetas la noche.
4. Allí conocieron a (los Jiménez,) una pareja muy simpática.
5. La pareja era de Nuevo México.
6. Durante el día nadaban (*or:* iban a nadar) en el mar.
7. La sangría es una bebida con vino y frutas.
8. Valencia está en la costa del Mar Mediterráneo.

II. tenía / se mudó / sabía / tuvo / caminábamos / encontramos / era / hicimos / nadaba / iba / vio
Story endings will vary.

III.
1. Paco es más simpático que Pepe. (Pepe es menos simpático que Paco.)
2. Paco va a tantas fiestas como Pepe.
3. Paco es más generoso que Pepe. (Pepe es menos generoso que Paco.)
4. Paco es más responsable que Pepe. (Pepe es menos responsable que Paco.)
5. Paco tiene tanto dinero como Pepe.

IV. Answers will vary. The verb forms should be:
1. saldremos
2. llevaré
3. verás
4. sacarán
5. valdrá

V. Answers will vary.

VI. mi / Por / diariamente / por / Su / rápidamente / por / directamente / Por / para

VII.
1. vinieras
2. pidieras
3. estabas
4. gusta
5. guste
6. prepares
7. debes
8. aprendas
9. vas
10. tome
11. llegues
12. tengas

VIII. Answers will vary.

IX. The verb forms should be:
1. Lava
2. No cuenten
3. No toque
4. Sirvamos
5. No salgan
6. Acostémonos
7. No te pongas
8. No vea
9. Vayan
10. Haz

X.
1. no juguemos al béisbol
2. veamos televisión
3. no salgamos temprano
4. durmamos aquí

XI. Answers will vary.

XII. Answers will vary.

XIII.
1. Federico García Lorca fue un poeta español.
2. Él escribió sobre el sur de España y sobre los gitanos.
3. Una nana es un poema infantil.
4. *Poeta en Nueva York* es un libro de poemas de García Lorca, sobre sus impresiones y experiencias en Nueva York.
5. Creo que ella está muerta porque el poema dice que la madre está en la casa de la Virgen (en el cielo).
6. García Lorca murió en Granada en 1936, pocos días después del comienzo de la Guerra Civil Española.
7. Answers will vary.

Examen comprensivo II (B)
Capítulos 9–16

Reading for Part I.

Querido Eddie:

Acabo de regresar a Madrid después de un viaje por el norte de España. Santander está en la costa del Mar Cantábrico. Alisa y yo viajamos por autobús. Al llegar a la ciudad encontramos una pensión que sólo costaba 11.000 pesetas la noche. Allí conocimos a los Jiménez, una pareja muy simpática. Ellos eran de Nuevo México. Ellos y nosotros nos hicimos muy buenos amigos. Todos los días íbamos a nadar en el mar, y prácticamente todas las noches comíamos pescado y tortillas. También tomábamos sangría, una bebida que tiene vino y frutas. Nos divertimos muchísimo. Eddie, espero que puedas venir a visitarnos en la primavera. Alisa, tú y yo podríamos hacer un viaje a Valencia, en la costa del Mar Mediterráneo. Escribe y cuéntame cuándo vendrás, ¿de acuerdo?

Un abrazo,
Jenny

1. ¿De qué parte de España acaban de llegar Jenny y Alisa?
2. ¿Cómo viajaron Alisa y Jenny?
3. ¿Cuánto les costó la pensión por noche?
4. ¿A quiénes conocieron allí?
5. ¿De dónde era la pareja?
6. ¿Qué hacían ellos durante el día?
7. ¿Qué es la sangría?
8. ¿Cuándo espera Jenny la visita de Eddie?

I. 1. del norte
    2. por autobús
    3. 11.000 pesetas
    4. a los Jiménez
    5. de Nuevo México
    6. iban a nadar
    7. una bebida alcohólica
    8. en la primavera

II. tenía / íbamos / daban / tuve / estaba / llegué / vi / estaba / sabía / escuché
Story endings will vary.

III. Answers will vary.

IV. Answers will vary. The verb forms should be:
    1. saldremos
    2. llevaré
    3. verás
    4. sacarán
    5. valdrá

V. Answers will vary.

VI. mi / Por / corre / por / Su / también / por / directamente / Por / salud

VII. 1. vinieras   7. puedes

2. hicieras
3. estés
4. es
5. estás
6. estudies

8. ayude
9. trabaja
10. tenga
11. salgas
12. vaya

VIII. Answers will vary.

IX. 1. No juegues con la pelota en la casa.
2. Hagan la tarea.
3. No patinen en la calle.
4. Cierra la puerta.
5. Siéntense.
6. Demos un paseo.
7. Come esas verduras.
8. Vamos al parque.
9. Vuelvan ahora mismo.
10. No salgas sin mi permiso.

X. 1. no juguemos al tenis
2. comamos ahora
3. no veamos televisión
4. pidamos café

XI. Answers will vary.

XII. Answers will vary.

XIII. 1. c
2. a
3. b
4. b
5. a
6. c

Capítulo preliminar

p. 3 Práctica: *Oral exercises.*

p. 3 Práctica: *Oral exercise.*

p. 5 Práctica:

Ej. A:

1. The letter **h.**
2. The English letter **h** represents the sound of the Spanish **j;** the English letter **y** represents the sound of the Spanish **ll;** the English letter **s** represents the sound of the Spanish **z.**
3. The letter **ñ.**
4. The **g** in **Argentina** sounds like the English **h** (when followed by **e** or **i**). The **g** in **Paraguay** sounds like the **g** in the English word "go" (when followed by **a, o,** or **u**).

Ej. B & C: *Answers will vary.*

pp. 6–7 Práctica:

Ej. A:

1. el cuaderno
2. la pizarra
3. la mesa
4. la silla
5. el lápiz
6. la puerta
7. la ventana
8. el bolígrafo

Ej. B: *Answers will vary.*

Ej. C:

1. c
2. a
3. e
4. g
5. b
6. d
7. f

pp. 9–10 Práctica:

Ej. A:

1. ella
2. él
3. ellas
4. nosotros
5. nosotros(-as)
6. ellos
7. ustedes/vosotros(-as)
8. nosotros(-as)

Ej. B:

1. Sí, ellos están en Madrid.
2. Sí, él está en San Francisco.
3. Sí, ellos están aquí.
4. Sí, nosotros estamos bien.
5. Sí, ellas están con Marta.
6. Sí, ella está en casa.

Ej. C:

1. ¿Carmen está en España? ¿Está Carmen en España?
2. ¿Paco está con el profesor? ¿Está Paco con el profesor?
3. ¿Ustedes están muy bien? ¿Están ustedes muy bien?
4. ¿Elena no está en clase? ¿No está Elena en clase?
5. ¿La Paz no está en Ecuador? ¿No está La Paz en Ecuador?
6. ¿La Paz está en Bolivia? ¿Está La Paz en Bolivia?

Ej. D: *Answers will vary.*

pp. 11–12 Actividades:

Ej. A: *(Possible answers)*

1. Adiós.
2. Mucho gusto.
3. Igualmente.
4. Gracias.
5. ¿Qué es esto?
6. Bienvenidos.

Ej. B: *Answers will vary.*

Capítulo 1

p. 14 Preguntas: *Answers will vary.*

pp. 16–17 Práctica:

Ej. A:

1. Eduardo y Amelia
2. Eduardo y Amelia
3. Catalina y José
4. Carmen

Ej. B:

1. hermana, hija
2. madre, abuela
3. tía, esposa
4. hija, prima
5. padre, abuelo
6. hijo, tío
7. hermano, primo
8. esposo, padre

p. 17 Preguntas:

1. Los padres de Amelia se llaman Rafael y Alicia.
2. El esposo de Alicia se llama Rafael.
3. Los primos de Carmen se llaman Amelia y Eduardo.
4. Los hijos de Ana y Víctor se llaman Carlos, Carmen y Juan.
5. Los tíos de Carlos, Carmen y Juan se llaman Rafael y Alicia.

p. 18 Dialogue questions:

1. Sí, Susana estudia sociología.
2. No, ahora estudian la familia hispana en clase.
3. No, Andrea busca información sobre «la situación de la mujer».
4. No, mañana hablan sobre la situación de las mujeres en España.

p. 19 Práctica:

Ej. A:

1. Buscamos la cámara.
2. Necesitamos un cuaderno.
3. Llegamos a la clase.
4. Miramos el libro.
5. Estudiamos la lección.
6. Hablamos con el profesor.

Ej. B:

1. ¿Estudias inglés?
   No, no estudio inglés. Estudio italiano.
2. ¿Necesitas un lápiz?
   No, no necesito un lápiz. Necesito un bolígrafo.
3. ¿Ves «Los Simpson» en la televisión?
   No, no veo «Los Simpson» en la televisión. Veo «Veinticuatro horas».
4. ¿Bailas mucho?
   No, no bailo mucho. Bailo poco.
5. ¿Visitas San Francisco?
   No, no visito San Francisco. Visito Nueva York.

Ej. C: *(Possible answers)*

1. Pablo, Ana y Felipe estudian.
2. Nosotros miramos el mapa.
3. El abuelo llega a casa.
4. Tía Teresa busca un libro.
5. Tú estudias mucho.
6. Papá viaja a España.

p. 20 Preguntas: *(Possible answers)*

1. Sí, estudio español. Sí, deseo hablar bien el español.
2. Sí, hablamos español ahora. Sí, el profesor (la profesora) habla mucho.
3. Sí (No), (no) llevo los libros a clase.
4. Sí (No), (no) viajo mucho. Sí (No), (no) deseo viajar a España (a México, a Sudamérica).
5. Sí (No), (no) veo mucho la televisión. Sí (No), (no) escucho mucha radio.

p. 20 Dialogue questions:

1. Sí, el agente necesita los pasaportes.
2. Sí, Ramón lleva los pasaportes.
3. La cámara y los regalos para las hijas de Juan están en el avión.
4. Isabel y Ramón están en el aeropuerto de Barajas, en Madrid.

pp. 22–23 Práctica:

Ej. A: *(Possible answers)*

1. ¿Están aquí los pasaportes? No, los pasaportes están en el hotel.
2. ¿Están aquí los aviones? No, los aviones están en el aeropuerto.
3. ¿Están aquí los estudiantes? No, los estudiantes están en clase.
4. ¿Están aquí los profesores? No, los profesores están en la universidad.

1. ¿Buscas una farmacia? No, busco un restaurante.
2. ¿Buscas un cuaderno? No, busco un libro.
3. ¿Buscas un regalo? No, busco una cámara.
4. ¿Buscas un papel? No, busco una pizarra.

Ej. B:

1. Marta necesita un cuaderno. Los García necesitan unos cuadernos.
2. Marta necesita un lápiz. Los García necesitan unos lápices.
3. Marta necesita uno radio. Los García necesitan unas radios.
4. Marta necesita un papel. Los García necesitan unos papeles.
5. Marta necesita un libro. Los García necesitan unos libros.
6. Marta necesita una mesa. Los García necesitan unas mesas.
7. Marta necesita una cámara. Los García necesitan unas cámaras.
8. Marta necesita una semana de vacaciones. Los García necesitan unas semanas de vacaciones.

Ej. C:

1. El niño busca el regalo.
2. El doctor viaja a la ciudad.
3. Los estudiantes hablan con el profesor.
4. La mamá de Ana lleva los pasaportes.
5. Tú estudias las lecciones.
6. Nosotros miramos la pizarra.
7. El primo de Juan llega a la capital.
8. Los turistas están en el hotel.

p. 23 Questions:

1. Sí, hay un restaurante en la Avenida Lope de Vega. Se llama el Restaurante Santa Cruz.
2. Sí, hay una farmacia en la Avenida Toledo. Se llama la Farmacia José Antonio.
3. No, la oficina de turismo está en la Avenida Toledo.

pp. 24–25 Práctica:

Ej. A: *Oral exercise.*

Ej. B:

1. once hombres
2. ochenta y un libros
3. cincuenta y dos semanas
4. un avión
5. setenta primos
6. treinta y una ciudades
7. cuarenta y cinco mujeres
8. noventa universidades
9. sesenta y cinco páginas

Ej. C:

1. Falso. Hay un(a) profesor(a) en la clase.
2. Verdadero.
3. Falso. Hay (treinta) sillas en la clase.
4. Verdadero.
5. Verdadero.
6. Falso. Hay (dos) ventanas y (una) puerta en la clase.
7. Verdadero.
8. Falso. Hay medicinas en una farmacia.
9. Falso. Hay treinta días en abril.
10. Falso. Hay siete días en una semana.

Ejs. D & E: *Answers will vary.*

p. 25 Preguntas: *Answers will vary.*

p. 26 Dialogue questions:

1. Miguel desea hablar con Teresa.
2. Sí, Teresa está en casa.
3. Miguel está bien.
4. Teresa estudia con Adela.
5. Sí, Miguel desea estudiar con ellas.
6. Miguel pasa por la casa de Teresa en unos minutos.

pp. 28–29 Práctica:

Ej. A: *(Possible answers)*

1. Ahora estudiamos el vocabulario activo, ¿de acuerdo?
2. *City* se dice «ciudad» y *trip* se dice «viaje» en español, ¿no? (¿verdad?)
3. El libro se llama *¡Hablemos español!*, ¿no? (¿verdad?)
4. Sevilla no está en México, ¿verdad?
5. Vemos la televisión, ¿de acuerdo?
6. En Puerto Rico no hablan francés, ¿verdad?

Ej. B:

1. ¿Qué busca Miguel?
   ¿Qué estudian Ana y José?
   ¿Qué necesita María?

2. ¿Quién busca los libros?
   ¿Quiénes estudian francés?
   ¿Quién necesita un pasaporte?

3. ¿Con quiénes está la señora Rodríguez?
   ¿Con quién viajan?
   ¿Con quién estudia Juan?

4. ¿Dónde está Estela?
   ¿Adónde viajan?
   ¿Dónde está Felipe?

5. ¿Cuándo llega el avión?
   ¿Cómo se llama usted?
   ¿Cuándo llegan ustedes (llegamos [nosotros])?

6. ¿Por qué no están aquí?
   ¿Por qué llevan los pasaportes?
   ¿Por qué busca un teléfono?

Ej. C:

…¿Cómo estás?

…¿Cuándo es el examen de geografía?

…

¿Con quiénes estudias?

…

¿Qué estudian hoy?

…

…¿dónde está Costa Rica?

…

¿Y cómo se llama la capital de Costa Rica?

…

Ej. D: *(Possible answers)*

1. ¿Cómo te llamas?
   Me llamo…

2. ¿Con quién(es) estudias?
   Estudio con un(a) amigo(-a).

3. ¿Adónde deseas viajar?
   A México.

4. ¿Con quién(es) deseas viajar?
   Con Rosie Pérez (Antonio Banderas).

5. ¿Qué necesitas?
   Una semana de vacaciones.

p. 29 Preguntas: *Answers will vary.*

p. 30 ¡Vamos a repasar!

estamos, está
yo, nosotras
Tú
estás
Estás, están

ustedes
yo
estoy, Ella, está
ella, están
ellas

p. 33 Después de leer:

1. Janet y Susan desean visitar el Museo del Prado.
2. Sí, los museos están cerrados porque hoy es lunes. Todos los museos están cerrados los lunes.
3. Janet y Susan necesitan comprar unos libros, un diccionario y un mapa de Madrid. El señor Ruiz necesita comprar dos o tres libros.
4. No, no trabaja en Madrid. Trabaja en la universidad de Salamanca. Enseña filosofía.

pp. 34–35 Actividades:

Ej. A: *(Possible answers)*

1. Dígame. (Bueno. Aló. Hola.)
2. ¿Dónde está el Hotel Miramar?
3. ¿Adónde desean viajar ustedes?
4. Adiós. (Hasta luego. Chau. Hasta mañana…)

Ej. B: *(Possible answers)*

1. Bueno, nos vemos. (Hasta luego.)
2. Hasta mañana.
3. Adiós.
4. Hasta pronto.
5. Feliz fin de semana.

Ej. C: *Answers will vary.*

p. 35 Para escribir: *Answers will vary.*

Capítulo 2

p. 38 Preguntas:

1. Brazil; Portuguese
2. El Pico de Aconcagua, in the Andes
3. They eat a lot of beef.
4. in Hungary and England

For the rest of the questions, answers will vary.

p. 41 Antónimos:

1. idealista
2. sociable
3. responsable
4. optimista
5. moreno
6. interesante
7. grande
8. sensible
9. cortés
10. alto
11. inteligente
12. joven
13. largo
14. bueno
15. delgado

p. 41 Preguntas: *(Possible answers)*

1. Sí, (probablemente) Esteban (Maricruz, Marta) es optimista.
2. Sí, los estudiantes están contentos. Sí, Maricruz está contenta.
3. Maricruz está en (la) clase.
4. Soy optimista (pesimista), alto(-a) (bajo[-a]), rubio(-a) (moreno[-a]), realista (idealista) y responsable (irresponsable).
5. Sí, estamos en (la) clase.
6. La universidad Cornell está en una ciudad pequeña. Harvard está en una ciudad grande. La universidad de nosotros está en una ciudad pequeña (grande).
7. *Answers will vary.*
8. *Answers will vary.*

p. 43 Dialogue questions:

1. Están en un café en Buenos Aires.
2. El señor Larkin es de Estados Unidos (de Tejas).
3. Sí, habla muy bien el español.
4. La doctora Silva es de Nevada. Pedrito (probablemente) es de Argentina (Buenos Aires).
5. Según Pedrito, hablan bien el español porque son de estados con nombres en español.
6. Soy de (Ohio).

pp. 43–44 Práctica:

Ej. A:

1. ¿De dónde es el doctor Lombardi? ¿Es de Argentina?
2. ¿De dónde son los señores García? ¿Son de Cuba?
3. ¿De dónde es Teresa? ¿Es de Paraguay?
4. ¿De dónde es la profesora? ¿Es de Colombia?
5. ¿De dónde es usted? ¿Es de Puerto Rico?
6. ¿De dónde son los amigos de Susana? ¿Son de Chile?
7. ¿De dónde es el profesor? ¿Es de Uruguay?
8. ¿De dónde son ustedes? ¿Son de México?

Ej. B:

1. Falso. Buenos Aires es la capital de Argentina.
2. Falso. Usted es…
3. Falso. Madrid es la capital de España.
4. Falso. Ochenta y cinco más quince son cien. (*or*) Ochenta y cinco más diez son noventa y cinco.
5. Falso. Fidel Castro es de Cuba.
6. Verdadero. (Falso. Nosotros somos…)
7. Falso. Soy primo (prima) de…

Ejs. C & D: *Answers will vary.*

p. 45 Dialogue questions:

1. No, Patricia es chilena. Andrés también es chileno.
2. Patricia es muy simpática, cortés, sensible, trabajadora… Andrés también es simpático, cortés, sensible, trabajador…
3. Según Juan, Andrés es hermano de Patricia.

p. 47 Práctica:

Ej. A:

1. una estudiante española
2. una profesora mexicana
3. una señora argentina
4. una mujer hispana
5. una gran amiga italiana
6. una chica inteligente y responsable
7. una doctora amable y simpática
8. una señora elegante y popular
9. una tía vieja y aburrida

Ej. B:

1. Los hijos son descorteses e insensibles.
2. Las hijas son realistas.
3. Los hijos son irresponsables.
4. Las hijas son egoístas.
5. Los hijos son pesimistas.

Ej. C: *Answers will vary.*

p. 47 Entrevista: *(Possible answers)*

1. Sí (No), (no) hay buenos restaurantes mexicanos (españoles, argentinos, italianos) aquí. Están…
2. Sí (No), (no) preparo comida típica norteamericana (mexicana).
3. La comida de la cafetería de la universidad es (buena y deliciosa).
4. Los estudiantes de la universidad son (inteligentes, responsables, simpáticos y sociables).
5. La clase de español es (fácil, interesante y grande).

p. 48 Dialogue questions:

1. Roberto está en la Avenida Córdoba, en Buenos Aires.
2. No, el teatro está en la Avenida 9 de Julio.
3. Roberto es turista. Está con unos amigos. Son de Bariloche.
4. El teatro es muy grande. No, no está lejos.

pp. 49–50 Práctica:

Ej. A:

1. son
2. estás
3. está
4. Es
5. somos
6. están
7. está
8. soy
9. es

Ej. B:

1. ¿Están de vacaciones los López?
   Sí, los López están de vacaciones.
2. ¿Es grande la universidad?
   Sí, la universidad es grande.
3. ¿Están bien los abuelos?
   Sí, los abuelos están bien.
4. ¿Somos nosotros estudiantes?
   Sí, nosotros somos estudiantes.
5. ¿Soy yo de Nueva York?
   Sí, tú eres de Nueva York.
6. ¿Está perdido(-a) el (la) estudiante?
   Sí, el (la) estudiante está perdido(-a).
7. ¿Es el libro de papel especial?
   Sí, el libro es de papel especial.
8. ¿Estás aburrido(-a) hoy?
   Sí, yo estoy aburrido(-a) hoy.
9. ¿Es el concierto en el Teatro Nacional?
   Sí, el concierto es en el Teatro Nacional.

Ej. C:

1. estoy
2. es
3. es
4. están
5. están
6. está
7. es
8. es
9. están
10. están
11. está
12. está
13. están

Ej. D:

1. Es de Córdoba.
2. Es doctor.
3. Está en el hospital.
4. Es altruista.
5. Está bien.
6. Es argentino.
7. Está de vacaciones.
8. Está en Mar del Plata ahora.
9. No está nervioso hoy.
10. Es amigo del presidente.

p. 51 Entrevista: *(Possible answers)*

1. Sí (No), (no) soy norteamericano(-a). Sí (No), (no) soy de Nueva York (California). Soy de…
2. Sí (No), (no) soy inteligente (trabajador[a], optimista). Soy…
3. Sí (No), (no) estoy nervioso(-a) hoy porque… Estoy (bien) hoy.
4. Están en casa (en la cafetería, en otra clase).
5. Sí (No), el día (no) está lindo.

p. 51 Preguntas:

1. the tango
2. Rudolph Valentino
3. the film industry
4. in the bordellos of 1880s Buenos Aires; because it is a very sensual dance
5. because it allows for a certain amount of improvisation
6. One would go to tango clubs in Buenos Aires.

p. 52 Dialogue questions:

1. Los turistas están en un autobús en la Avenida Córdoba.
2. Está a la izquierda. Sí, está muy cerca.
3. Está al lado del café.

pp. 53–54 Práctica:

Ej. A:

1. Falso. Están al este.
2. Verdadero.
3. Falso. Está al norte.
4. Falso. Están en Chile.
5. Falso. Está al sur.
6. Falso. Está al este.
7. Verdadero.
8. Falso. Está cerca del Océano Atlántico.

Ej. B:

1. El restaurante está al lado de la universidad.
2. El hospital está a la izquierda de la farmacia.
3. La universidad está cerca del teatro.
4. El museo está a la derecha de la agencia.
5. El aeropuerto está lejos de la ciudad.

p. 54 Entrevista: *(Possible answers)*

1. Sí (No), (no) deseo viajar a México (Perú). Deseo viajar a (España).
2. Sí (No), (no) llevo pasaporte cuando viajo a...
3. Estoy cerca (lejos) de la puerta. (Miguel) está a la derecha (izquierda) de...
4. La universidad está cerca (lejos) del aeropuerto (de un buen restaurante).

p. 55 Práctica:

Ej. A:

1. Alfonso busca la casa de Luis y también busca a Luis.
2. Alfonso busca el pasaporte y también busca una dirección.
3. Alfonso busca al señor Méndez y también busca un restaurante.
4. Alfonso busca a los abuelos y también busca a una mujer italiana.
5. Alfonso busca las cámaras y también busca a los pasajeros.
6. Alfonso busca a los estudiantes y también busca al profesor Ruiz.

Ej. B:

1. Juan mira a Adela.
2. Buscan un buen restaurante.
3. El estudiante visita el museo.
4. Deseo visitar al señor Flores.
5. El agente de viajes llama a los turistas ahora.

p. 56 Entrevista: *(Possible answers)*

1. Sí (No), (no) visito a unos amigos hoy. Sí (No), (no) visito al profesor (a la profesora) de español hoy.
2. Sí (No), (no) llamo mucho a los amigos. Sí (No), (no) llamo mucho a un(a) amigo(-a) en particular. Deseo llamar a (Susana) hoy (mañana).
3. Sí (No), (no) vero televisión. Sí (No), (no) vero a veces al presidente en la televisión.
4. Cuando estoy de vacaciones, visito (museos y teatros). Cuando estoy de vacaciones, visito a (amigos y parientes).

p. 56 ¡Vamos a repasar!

invita
cincuenta y cuatro, treinta y un
veintitrés
quince, necesitan
treinta y nueve, llegan
dos, cuarenta y cinco
llevo, once
necesitamos, veintinueve

buscamos, trabaja
necesita, ocho
necesitamos, veintiuna
pasan
necesitan
llegas
Llego, sesenta
preparamos

p. 58 Después de leer:

1. Están en un autobús en Buenos Aires.
2. Son de Inglaterra.
3. Buscan el Museo de Historia Natural.
4. El señor Smith pregunta (a un pasajero): «¿Dónde está el Museo de Historia Natural?»
5. Se llama Emilio Discotto.
6. Desean visitar el museo para mirar las exposiciones sobre los animales típicos del país, sobre la cultura de los indios y sobre otras cosas.
7. Es agente de viajes.
8. Desea llevar a los señores Smith a una estancia moderna.
9. No, al final no llegan al museo.
10. Sí (No), (no) visito museos con frecuencia.

pp. 61–63 Actividades:

Ej. A: *(Possible answers)*

1. ¡Qué comida (más) deliciosa!
2. ¡Qué libro (más) interesante!
3. ¡Qué restaurante (más) elegante!
4. ¡Qué examen (más) difícil!
5. ¡Qué autobús (más) viejo!
6. ¡Qué regalo (más) pequeño!

Ej. B:

El policía está más cerca de ellos.
El doctor está a la izquierda del auto.
La señora está detrás del auto.
Los pasajeros y el conductor están en el autobús.

Ejs. C & D: *Answers will vary.*

p. 63 Para escribir: *Answers will vary.*

Capítulo 3

p. 66 Preguntas: *(Possible answers)*

1. Tiene más de veinte millones de habitantes y es la ciudad más grande del mundo.
2. Ciudad de México es la antigua capital de los aztecas; Tenochtitlán.
3. Porque él es el héroe de la independencia mexicana.
4. El cinco de mayo celebra el día en que los mexicanos ganaron la batalla de Puebla contra los franceses; el cinco de mayo de 1862.
5. *Answers will vary.*

p. 69 Preguntas: *(Possible answers)*

1. John Mellencamp es músico. Johnnie Cochran es abogado. Donald Trump es comerciante. Jack Kevorkian es doctor. Stephen King es escritor.
2. Un(a) camarero(-a) trabaja en un restaurante. Un(a) vendedor(a) trabaja en una boutique. Un(a) agente de viajes trabaja en una agencia de viajes.
3. Marcia Clark es abogada. Danielle Steele es escritora.
4. Asocio la psicología con Sigmund Freud, la física con Stephen Hawking, la literatura con William Shakespeare, la antropología con Margaret Mead, la medicina con Jonas Salk, las ciencias de comunicación con Bill Gates y las ciencias políticas con Bill Clinton.
5. Sí (No), (no) estudio historia (ciencias políticas). Sí, estudio español.
6. Estudio español... Deseo estudiar (biología) en el futuro.

p. 69 Práctica:

1. Lola estudia matemáticas.
2. Sofía estudia literatura.
3. Chepa estudia psicología.
4. Maruja estudia ciencias políticas.
5. Manuel estudia física.
6. Rosalía estudia biología.
7. Francisco estudia música.
8. Esteban estudia economía y negocios.

p. 70 Entrevista: *(Possible answers)*

1. Yo estudio...
2. Sí (No), (no) creo que...
3. Debo estudiar biología, química y medicina si deseo ser doctor(a). Debo estudiar ingeniería y matemáticas si deseo ser ingeniero(-a). Debo estudiar biología si deseo ser biólogo(-a). Debo estudiar psicología si deseo ser psicólogo(-a).
4. Sí, ahora muchas personas estudian ciencias de computación. Sí (No), (no) estudio ciencias de computación también (tampoco).
5. Sí (No), (no) deseo estudiar...
6. Sí (No), (no) leo libros de...

pp. 71–72 Práctica:

Ej. A:

1. Son las tres (en punto).
2. Son las cuatro menos cuarto.
3. Son las siete y cuarto.
4. Es la una (en punto).
5. Son las cinco y media.

Ej. B:

1. El avión de Buenos Aires llega a las seis y media de la tarde.
2. El avión de San Francisco llega a las nueve menos cuarto de la mañana.
3. El avión de Acapulco llega a las diez y cuarto de la noche.
4. El avión de San Juan llega a las nueve y media de la mañana.
5. El avión de La Paz llega a las dos y media de la tarde.
6. El avión de Madrid llega a las siete menos cuarto de la mañana.
7. El avión de Caracas llega a las cinco de la tarde.

Ej. C:

1. Presentan «Los años perdidos» a las ocho. Presentan «Milagro y magia» a las nueve. Presentan «Ocurrió así» a las diez y media.
2. Presentan «Manuela» en el canal 47. Presentan «Doña Bella» en el canal 41.
3. Presentan «Yo no creo en los hombres» a las ocho en el canal Gala. Presentan «El show de Paul Rodríguez» a las diez en el canal 41.
4. Presentan una película a las nueve. La película termina a las diez y media.
5. Mis programas favoritos son... Vero mis programas favoritos a las (nueve) y a las (once).

p. 72 Entrevista: *(Possible answers)*

1. Son las (nueve y media) ahora.
2. Llega a la clase de español a las (nueve). Llego temprano (tarde/a la hora exacta). La clase termina a (las diez menos diez).
3. Regreso a casa a (las tres).
4. En general, estudio por la (noche).
5. Sí (No), (no) practico español en el laboratorio (a las dos).
6. Sí (No), (no) vero televisión. Sí (No), (no) vero programas en español. Vero...

p. 73 Dialogue questions:

1. Sí, Luisa lee mucho. Lee un libro de filosofía ahora.
2. Escribe notas para una composición.
3. Juan cree que debemos leer libros prácticos.
4. Juan cree que debemos aprender matemáticas, ciencias de computación, ingeniería o física.
5. En la filosofía descubrimos «la verdad en la vida y la vida en la verdad».
6. Estoy de acuerdo con Juan (Luisa) porque...

pp. 75–76 Práctica:

Ej. A: *(Possible answers)*

1. Susana recibe una A en el examen de español.
2. Los doctores comen en la cafetería universitaria.
3. El señor Ortiz escribe una carta.
4. Los estudiantes leen en la biblioteca.
5. La niña abre los regalos.
6. El señor Montero vende libros en la librería.

Ej. B: *(Possible answers)*

1. ¿Vives cerca de una biblioteca? Sí (No), vivo cerca (lejos) de una biblioteca.
2. ¿Vives cerca de una buena librería? Sí (No), vivo cerca (lejos) de una buena librería.
3. ¿Vives cerca del hospital? Sí (No), vivo cerca (lejos) del hospital.
4. ¿Vives cerca de un restaurante mexicano (italiano, español, francés)? Sí (No), vivo cerca (lejos) de un restaurante mexicano (italiano, español, francés).
5. ¿Vives cerca de un museo? Sí (No), vivo cerca (lejos) de un museo.
6. ¿Vives cerca de un teatro? Sí (No), vivo cerca (lejos) de un teatro.
7. ¿Vives cerca de un café? Sí (No), vivo cerca (lejos) de un café.
8. ¿Vives cerca de una agencia de viajes? Sí (No), vivo cerca (lejos) de una agencia de viajes.

Ej. C: *Answers will vary.*

p. 76 Preguntas: *(Possible answers)*

1. Sí, leo un libro ahora. Se llama *¡Hablemos español!*.
2. Sí (No), (no) leo muchos libros. Sí (No), (no) leo libros de música (matemáticas, ciencias naturales).
3. Aprendo mucho de libros de…
4. Creo que la química (la filosofía, la literatura) es interesante (aburrida). Es difícil (fácil).
5. Sí (No), (no) como en la cafetería de la universidad. Como bien (mal) en la cafetería.
6. Sí (No), (no) escribo muchas cartas (composiciones).
7. Sí (No), (no) recibo muchas cartas cada semana (de mis amigos) (de Chicago).
8. Sí (No), (no) vivo con un(a) amigo(-a).
9. Vivimos en (Kansas City) en (Missouri).

p. 76 Questions: *Answers will vary.*

pp. 77–78 Práctica:

Ej. A:

1. nuestras amigas, nuestras clases
2. su auto, su casa, su padre
3. tus hermanos, tus lecciones
4. mi tío, mi vida, mi hja, mi familia, mi reloj
5. nuestro pasado, nuestro verano

Ej. B: *(Possible answers)*

1. Nuestros padres son (amables). Nuestros hermanos son (sociables).
2. Nuestra clase de español es (interesante). Nuestros amigos en esta clase son (simpáticos).
3. Nuestra universidad es (grande). Nuestra ciudad es (linda).

Ej. C: *(Possible answers)*

1. Son los libros de Roberto. Son sus libros.
2. Es el bolígrafo de Elena. Es su bolígrafo.
3. Son las cartas de mi profesora. Son sus cartas.
4. Son los relojes de Enrique. Son sus relojes.
5. Es la mochila de Paco. Es su mochila.
6. Es el calendario de Patricia. Es su calendario.
7. Son los lápices de Felipe. Son sus lápices.
8. Es el examen de Diego. Es su examen.

Ej. D: *(Possible answers)*

1. Mi clase favorita es (español) porque…
2. Hay (cuatro) personas en mi familia.
3. Mis hermanos se llaman (Paco y José). Son grandes (pequeños).
4. Mi padre trabaja en (una oficina). Mi madre trabaja en (una escuela).
5. Sí (No), mis abuelos (no) viven en (San Diego). Viven lejos (cerca) de mi casa.
6. Sí (No), (no) tengo muchos amigos. Sí (No), (no) hablo con ellos todos los días.
7. Mi amigo(-a) favorito(-a) se llama (Eduardo). Es…

p. 78 Dialogue questions:

1. No, Dora no tiene tiempo para estudiar inglés con Bárbara.
2. Dora y Robert tienen planes para visitar las pirámides de Teotihuacán.
3. Para Dora el examen de inglés no tiene importancia porque el inglés es fácil y aprende más con Robert.

pp. 79–80 Práctica:

Ej. A: *Answers will vary.*

Ej. B:

tienes, Tengo, tenemos, tiene, tiene, Tienes

Ej. C: *Answers will vary.*

p. 80 Preguntas: *(Possible answers)*

1. Sí (No), la universidad (no) tiene una buena biblioteca.
2. Sí (No), (no) tienen programas de español aquí en televisión.
3. Sí (No), (no) tengo una clase de… Son fáciles (difíciles).
4. Sí (No), (no) tengo ganas de aprender música (arte). Tengo ganas de aprender (historia).
5. Sí (No), (no) tengo que estudiar hoy. Sí (No), (no) tengo ganas de estudiar.
6. Sí (No), (no) tenemos muchos estudiantes inteligentes en la clase (universidad).
7. Tengo una familia grande (pequeña). Tengo (tres) hermanos y (muchos) primos.

p. 80 Preguntas: *(Culture box)*

1. El TLC es el Tratado de Libre Comercio de Norteamérica, o NAFTA en inglés. Se firmó en enero de 1994.
2. Hay muchas oportunidades de trabajo en México, por ejemplo.
3. Sí (No), (no) deseo hacer negocios en México porque…
4. Uno debe tener conocimientos generales en tres áreas: debe saber español; debe conocer un aspecto de los negocios (venta, mercadeo, finanzas, etc.) y debe tener conocimiento de la cultura latinoamericana.
5. El estudio de la cultura es parte del estudio de una lengua.
6. Deseo estudiar (ciencias políticas) en el futuro porque…

p. 82 Práctica:

Ej. A: *Answers will vary.*

Ej. B:

1. haces
2. salgo
3. hace
4. vienen
5. hacen
6. ponen
7. salen

p. 82 Entrevista: *(Possible answers)*

1. Vengo de (la biblioteca).
2. Sí (No), (no) hago la comida por la noche. (Rosita) pone los platos y la comida en la mesa. Sí (No), (no) preparo comidas deliciosas. Sí (No), (no) salgo con un(a) amigo(-a) a comer.
3. Salgo de casa a las (ocho) de la mañana. Vengo a la clase de español a las (nueve).
4. Sí (No), cuando hago la maleta, siempre (nunca) pongo allí una cámara (un libro, los pijamas).

pp. 82–83 ¡Vamos a repasar!

hay, Es	son
hay	es
son	está, Hay
están	Es
Hay	

p. 85 Después de leer:

1. Catalina está en Ciudad de México para estudiar antropología.
2. Es posible aprender mucho sobre las civilizaciones indígenas del pasado.
3. Catalina envía dos fotos. Las fotos son de la famosa Piedra del Sol (el calendario azteca) y del Museo Nacional de Antropología (su museo favorito).
4. Muchos antropólogos y estudiantes de antropología vienen a México para visitar el Museo Nacional de Antropología porque el museo es una maravilla. Siempre hay programas diferentes de conferencias y películas sobre la cultura y el arte indígenas.
5. Sí, es posible pasar todo el día en el museo porque hay una excelente librería y también una cafetería muy linda.
6. La semana próxima Catalina espera visitar Teotihuacán.
7. Teotihuacán es una antigua ciudad indígena. La famosa Pirámide del Sol está allí.
8. Sí (No), (no) deseo visitar México. (Deseo visitar…)

p. 85 Actividades: *Answers will vary.*

p. 87 Actividades:

Ej. A: *(Possible answers)*

1. ¿Cómo? ¿Qué estudia Roberto? ¿Dónde estudia Roberto?
2. ¿Cómo? ¿Dónde vive la señora Otavalo? ¿Dónde está ahora?
3. ¿Cómo? ¿Cuántos años tiene el (la) señor(a) Montenegro? ¿Qué tienen mañana? (*or*) ¿Cuándo tienen una fiesta?
4. ¿Cómo? ¿Cuál es el número de teléfono del señor Barrios?
5. ¿Cómo? Más despacio, por favor.

Ej: B: *Answers will vary.*

p. 87 Para escribir: *Answers will vary.*

p. 90 Preguntas:

1. Está en el centro de México. Se llama Ciudad de México. Es grande y moderna, con muchos parques, museos y monumentos.
2. Son Cuba, Puerto Rico y la República Dominicana.
3. Porque hay playas magníficas.
4. Seis repúblicas hispanas forman Centroamérica. En Belice no hablan español. Hablan inglés.
5. Allí es posible visitar ruinas de civilizaciones muy antiguas. Las ciudades son muy modernas y cosmopolitas.
6. La llama es uno de los animales típicos de Sudamérica.
7. Está en la meseta central. Se llama Madrid.
8. Está al sur. Es famosa por sus ciudades históricas, su música y su baile.

Capítulo 4

p. 92 Preguntas:

1. La capital chilena es Santiago.
2. Las estatuas de la foto están en la Isla de Pascua.
3. Sí, hay muchos lagos y playas en Chile.
4. En Chile hay un gobierno democrático.
5. Sí, la geografía de Chile es muy diversa. Hay montañas, desiertos, valles fértiles, glaciares, lagos, etc.

pp. 94–95 Práctica: *(Possible answers)*

1. ¿Qué tiempo hace aquí?
2. ¿Hace mucho frío o mucho calor en el sur de Chile?
3. ¿Dónde hace calor?
4. ¿Dónde hace viento?
5. ¿Cuándo llueve en el sur? (*or*) ¿Dónde llueve siempre?

p. 95 Práctica: *(Possible answers)*

1. Falso. Aquí hace calor en el verano.
2. Verdadero.
3. *Answers will vary, depending upon the season.*
4. Verdadero.
5. Verdadero.
6. *Answers will vary, depending upon the season. (In Chile, the seasons are the opposite from North America.)*
7. Falso. Aquí nieva en el invierno.

p. 95 Preguntas: *(Possible answers)*

1. Sí (No), (no) hace frío (calor) hoy.
2. Sí (No), (no) hace frío (calor) en la clase.
3. Hace (frío) en el invierno aquí. Hace (fresco) en la primavera aquí.
4. Hace frío y nieva mucho en los Andes. Hace mucho calor y mucho sol en el Sáhara.
5. Hace mucho sol aquí en (el verano). Hace mucho viento en (la primavera).
6. Hace frío en (enero y febrero). Hace calor en (julio y agosto).
7. Los meses de verano aquí son junio, julio y agosto.
8. (Mayo) es un mes muy lindo porque (hace fresco). (Enero) es un mes terrible porque (hace mucho frío).
9. Estamos ahora en (el otoño).
10. Llueve aquí en (marzo y abril). Nieva en (enero y febrero).

p. 96 Dialogue questions:

1. Tomás hace la maleta.
2. Tomás y Ana van al sur. Van a hacer un viaje por la isla Chiloé con Cruceros Skorpios.
3. Hace un poco de frío.

pp. 97–98 Práctica:

Ej. A:

1. van
2. va; va
3. voy; voy (*or*) vamos
4. vas; Vas
5. vamos; Vamos

Ejs. B & C: *Answers will vary.*

Ej. D:

1. realmente *really*
2. tranquilamente *tranquilly, quietly*
3. típicamente *typically*
4. Naturalmente *Naturally*
5. especialmente *especially*

p. 99 Questions:

1. Según el reportero, hace calor en Viña del Mar. Es el primero de octubre.
2. La temperatura máxima probable es de 28 grados.
3. Va a estar nublado, con niebla local y una temperatura máxima de 20 grados. Para el miércoles y el jueves, van a tener temperaturas frescas, con posibilidad de lluvia.
4. Silvia Parada va a hablar sobre la destrucción de la capa de ozono.

p. 99 Práctica:

1. ¿Cuándo es el cumpleaños de George Washington?
   Es el veintidós de febrero.
2. ¿Cuándo es el Día de Año Nuevo?
   Es el primero de enero.
3. ¿Cuándo es el Día de la Independencia de los Estados Unidos?
   Es el cuatro de julio.
4. ¿Cuándo es la Navidad?
   Es el veinticinco de diciembre.

5. ¿Cuándo es el cumpleaños de Martin Luther King?
   Es el quince de enero.
6. ¿Cuándo es el cumpleaños de Abraham Lincoln?
   Es el doce de febrero.
7. ¿Cuándo es el Día de San Valentín?
   Es el catorce de febrero.

p. 100 Preguntas: *(Possible answers)*

1. Hoy es (jueves). Es el (30 de octubre).
2. En general, hay clases los lunes, los martes, los miércoles, los jueves y los viernes. No hay clases los sábados y los domingos.
3. Hay examen (el viernes) en nuestra clase.
4. Mi fecha favorita es (el 25 de diciembre).
5. Sí (No), (no) tengo un mes favorito. Es (mayo) porque...
6. Mi cumpleaños es el (22 de diciembre). Sí (No), (no) celebro mi cumpleaños con una fiesta.

p. 100 Preguntas: *(Culture box)*

1. Una famosa novela de Isabel Allende se llama *La casa de los espíritus*.
2. Comenzó la novela el 8 de enero de 1981.
3. El mensaje final es de reconciliación.
4. Sí (No), (no) leo novelas latinoamericanas. Leo...

p. 101 Preguntas:

1. El vuelo de Frankfurt llega al aeropuerto Arturo Merino Benítez de Santiago a las diez y veinte de la mañana. El vuelo de Caracas–Lima llega al aeropuerto Arturo Merino Benítez de Santiago a las tres menos cinco de la tarde.
2. El avión que sale a la una va a Buenos Aires. El avión que sale a las ocho va a Lima–Miami–Nueva York.

pp. 102–103 Práctica:

Ej. A:

1. 1969 (mil novecientos sesenta y nueve)
2. 1936 (mil novecientos treinta y seis)
3. 1776 (mil setecientos setenta y seis)
4. 1605 (mil seiscientos cinco)
5. 1959 (mil novecientos cincuenta y nueve)
6. 1910 (mil novecientos diez)
7. 1789 (mil setecientos ochenta y nueve)

Ej. B:

1. El número de vuelo del avión que llega de Montreal es el ciento sesenta y uno. El número de vuelo del avión que viene de Santa Cruz–La Paz es el novecientos siete.
2. El número de vuelo del avión que llega a las diez y veinte es el quinientos dos. El número de vuelo del avión que llega a las dos cuarenta y cinco es el doscientos veintiséis.

3. El número de vuelo del avión que sale para Copenhagen es el novecientos cincuenta y ocho. Los vuelos que salen para Buenos Aires son el ciento veinticinco a la una de la tarde, el seiscientos noventa y cinco a las dos y veinte de la tarde, el doscientos veintisiete a las tres y veinte de la tarde y el cero diez a las siete menos veinte de la noche.
4. El vuelo número novecientos ocho sale a las doce y media de la tarde y va a La Paz–Sta. Cruz–Panamá–Miami.

Ej. C: *Answers will vary.*

Ej. D: *Answers to group questions will vary.*

1. La ciudad con más habitantes es Ciudad de México.
2. Ciudad de México tiene el lugar número cuatro en el mundo. Buenos Aires tiene el lugar número ocho.

p. 104 Preguntas: *(Possible answers)*

1. Hay aproximadamente (veinticinco mil) estudiantes en esta universidad.
2. … personas viven en nuestra ciudad (en nuestro estado, en nuestro país, en Chile).
3. Un Toyota nuevo debe tener el precio de (veinte mil) dólares. Un Mercedes Benz debe tener el precio de (cuarenta mil) dólares. Un Rolls Royce debe tener el precio de (sesenta mil) dólares.
4. Una casa pequeña aquí debe tener el precio de (noventa mil) dólares.

p. 104 Dialogue questions:

1. Sí, según la señorita, hay que contestar todas las preguntas.
2. Tiene treinta y ocho años.
3. Sí, tiene dolor de cabeza y de estómago.
4. Sí, tiene calor y sed.
5. Sí, está muy cansado.
6. Tiene que tomar aspirinas, según el doctor.
7. No, no tiene fiebre.
8. Sí, en realidad está en muy buenas condiciones físicas.

p. 106 Práctica: *(Possible answers)*

1. Tengo calor.
   ¿Por qué no abres la ventana?
2. Tengo dolor de cabeza.
   ¿Por qué no tomas dos aspirinas?
3. Tengo sed.
   ¿Por qué no tomas agua?
4. Tengo hambre.
   ¿Por qué no comes?
5. Tengo dolor de estómago.
   ¿Por qué no tomas Alka-Seltzer?

p. 106 Preguntas: *(Possible answers)*

1. Tengo (veinte) años.
2. Sí (No), (no) tengo hambre (sed) ahora.
3. Sí (No), (no) tengo dolor de cabeza (estómago). Sí (No), (no) tengo frío (calor).
4. Sí (No), (no) esquío en el invierno. Tengo cuidado (Voy muy rápidamente).
5. Sí (No), (no) tengo ganas de viajar (a México). Hay que viajar allí (en avión).

p. 106 Proverbios:

1. c
2. a
3. e
4. d
5. b

p. 108 Preguntas:

1. La Silla es un observatorio. Está en el norte de Chile. Está a una gran altitud donde el cielo casi siempre está claro.
2. En el sur está el «distrito de los lagos», similar a Alemania o Suiza en geografía y arquitectura. En el extremo sur, hay glaciares y pingüinos.
3. *Answers will vary.*

pp. 108–109 Práctica:

Ej. A:

1. ¿No va nadie con ustedes?
2. Ella no hace nunca ejercicios.
3. ¿No nadan tampoco ustedes?
4. No está aquí ninguno de los chicos.
5. ¿No vas nunca a la capital?
6. No leo nada ahora.
7. ¿No tiene papel ningún estudiante?

Ej. B:

1. Guillermo nunca tiene ganas de hacer nada.
2. Guillermo nunca está contento.
3. Guillermo no va a ningún restaurante mañana.
4. Guillermo no va ni al mar ni al lago los sábados.

Ej. C: *Answers will vary.*

p. 109 ¡Vamos a repasar!

1. estoy
2. admiro
3. tengo
4. voy
5. necesito
6. soy
7. estudio, leo

Answers to second half of sentences will vary.

p. 110 Antes de leer:

1. e
2. d
3. c
4. b
5. a

p. 111 Después de leer: *(Possible answers)*

1. Paola is the daughter of the narrator. She wants you to be able to picture these young people, to know how much she loved them, to know that they never reached their 18th birthday, and to know how much she misses them.
2. She gives her listener a photograph to take abroad to tell others about those young people who are missing.

pp. 113–115 Actividades: *Answers will vary.*

p. 115 Para escribir: *Answers will vary.*

Capítulo 5

p. 118 Preguntas:

1. La capital de Puerto Rico se llama San Juan. La capital de la República Dominicana se llama Santo Domingo.
2. Puerto Rico tiene cuatro millones de habitantes. La República Dominicana tiene ocho millones de habitantes.
3. Más de tres millones de hispanos viven en la ciudad de Nueva York.
4. No, los puertorriqueños no necesitan visa o pasaporte para entrar a Estados Unidos.
5. La universidad más antigua de las Américas es la Universidad Autónoma de Santo Domingo. La primera ciudad fundada por los conquistadores españoles fur Santo Domingo.
6. *Possible answers:* entertainers Rosie Pérez, Raúl Juliá, Chita Rivera, Rita Moreno, Tony Orlando, Geraldo Rivera, José Feliciano; golfer «Chi Chi» Rodríguez; baseball stars Roberto Clemente and Ivan Rodríguez.

p. 121 Práctica: *(Possible answers)*

1. el banco
2. el gimnasio
3. la biblioteca, la librería
4. el correo
5. la farmacia
6. la escuela
7. el parque
8. la universidad, el centro de la comunidad
9. el teatro
10. el restaurante, el café
11. el museo
12. el hospital

p. 121 Preguntas: *(Possible answers)*

1. Voy al café. Voy a la librería. Voy a la biblioteca.
2. Voy al gimnasio. Voy al banco. Voy a la agencia de viajes.
3. Vivo en una ciudad grande (pequeña). Vivo en un edificio de apartamentos (una casa).
4. Vivo en la calle (avenida)… Sí (No), (no) es una calle principal.
5. Mi barrio es grande pero no es elegante. Tiene un parque y tiene muchas tiendas.

p. 121 Questions:

1. El anuncio es para clases de inglés.
2. Si alguien lleva el anuncio a una de las escuelas, recibe un descuento de $10.
3. Hay clases de lunes a sábado.

p. 123 Práctica:

Ej. A: *(Possible answers)*

1. Ésos
2. Ése
3. Ésta
4. Ésos
5. Aquélla
6. Éste

Ej. B:

1. ese
2. Este
3. Esa
4. ese
5. estas
6. ese

Ej. C: *Answers will vary.*

p. 123 Preguntas: *(Possible answers)*

1. Sí (No), esta chica (no) estudia mucho. Sí (No), ésa (aquélla) (no) estudia mucho.
2. Ese muchacho se llama (Roberto). Éste (Aquél) se llama (Manuel).
3. Esta clase es (interesante). Esta universidad es (grande). Esta ciudad es (linda).

p. 124 Preguntas: *(Culture box)*

1. Rosita Dolores Alverio es Rita Moreno. Es famosa porque ganó el Oscar por *West Side Story.*
2. Miriam Colón es la fundadora del Teatro Rodante Puertorriqueño.
3. *Possible answers:* José Ferrer: *Joan of Arc, Man of La Mancha, Lawrence of Arabia;* Raúl Juliá: *Kiss of the Spider Woman, The Addams Family, Romero;* Rosie Pérez: *Do the Right Thing, Fearless, Somebody to Love*

p. 124 Dialogue questions:

1. Margarita quiere una Coca-Cola.
2. Ana prefiere café.
3. No entienden la película porque unas señoras hablan mucho.
4. La conversación de las señoras es privada.
5. Prefiero las dramáticas (cómicas).

p. 126 Práctica:

Ej. A:

1. queremos
2. pensamos
3. viene
4. piensa
5. prefieren
6. cerramos
7. Empezamos
8. entiendo
9. cierran
10. preferimos

Ej. B:

1. en
2. de
3. en
4. de

p. 126 Entrevista: *Answers will vary.*

p. 127 Dialogue questions:

1. Teresa es (altruista). Ella piensa que debemos ayudar a las personas que viven en la calle.
2. Rosa es (realista/egoísta). Ella cree que muchos quieren vivir así y que no quieren trabajar.
3. Estoy de acuerdo con Teresa (Rosa) porque…

pp. 129–130 Práctica:

Ej. A: *(Possible answers)*

1. Sí, lo llevo
2. Sí, lo llevo.
3. No, no la llevo.
4. Sí, lo llevo.
5. Sí, la llevo.
6. Sí, lo llevo.
7. No, no los llevo.
8. Sí, lo llevo.

Ej. B:

1. lo
2. la
3. La
4. lo

Ej. C:

1. ¿Ves aquella bicicleta?
   No, no la veo.
2. ¿Ves esa calle?
   No, no la veo.
3. ¿Ves al hermano de Pepe?
   No, no lo veo.
4. ¿Ves el teatro?
   No, no lo veo.
5. ¿Ves a esos muchachos?
   No, no los veo.
6. ¿Ves las oficinas?
   No, no las veo.
7. ¿Ves aquellos autos?
   No, no los veo.
8. ¿Ves esas librerías?
   No, no las veo.

Answers will vary.

Ej. D: *Answers will vary.*

p. 130 Entrevista: *(Possible answers)*

1. Sí (No), (no) lo necesito (porque/para...)
2. Sí (No), (no) tengo bicicleta. (La llevo a...)
3. Miro... Los miro (los domingos...).
4. Sí (No), (no) lo compro en la cafetería. Sí (No), (no) la como.
5. Sí (No), (no) los llamo mucho. Sí (No), (no) los visito.

p. 131 Preguntas:

1. Está en la Calle 3 este de la ciudad de Nueva York.
2. La música es integral a la literatura allí.
3. *Answers will vary.*
4. *Answers will vary.*

p. 132 Questions:

1. Quico es el esposo, el rey de la casa. Él sabe celebrar el «labordey».
2. Conoce muy bien la ley.
3. Su esposa trabaja.
4. Sí, vemos situaciones similares aquí.

p. 133 Práctica:

Ej. A:

1. saben
2. conocen
3. Conoces
4. sé
5. Saben
6. conocemos

Ej. B: *(Possible answers)*

1. A: ¿Va este autobús al Café de los Poetas Nuyorriqueños?
   B: No sé porque no conozco bien la ciudad.
2. A: ¿Conoces a Felipe Gómez?
   B: Sí, sé que está en una de mis clases.

p. 134 Preguntas:

1. Sí, conozco un buen lugar (No, no conozco ningún lugar) para ver películas en español (para comprar libros en español). Se llama... y está...
2. Sí (No), (no) conozco las novelas de la escritora dominicana Julia Álvarez (de la puertorriqueña Esmeralda Santiago). Son...
3. Sí, conozco un buen lugar (No, no conozco ningún lugar) para escuchar música (para tomar café y mirar a la gente). Se llama... y está...
4. Sí, sé cómo se llama la capital de Puerto Rico: se llama San Juan. Sí (No), (no) la conozco.
5. Sí (No), (no) conozco la ciudad de Nueva York. Conozco...
6. Sí, sé que Colorado, Montana, Nevada (etc.) tienen nombres españoles.

p. 134 ¡Vamos a repasar!

1. Conoce
2. Sabe
3. son
4. tienen
5. están
6. es
7. recibe
8. hacen
9. saben
10. quieren

p. 135 Antes de leer:

1. b
2. b
3. a
4. a
5. a
6. b

p. 137 Después de leer:

Nueva York	Puerto Rico	República Dominicana	Otro Lugar
Willie Colón	la plena	el merengue	el son
	la bomba	Juan Luis Guerra	Rubén Blades
		el 4.40	

1. Según Willie Colón, la salsa es «la manifestación del Caribe que vive en Nueva York».
2. La santería es una religión del Caribe. Es una fusión de los santos católicos con los orishas, o dioses africanos.
3. La música de Juan Luis Guerra expresa los problemas y la realidad de la gente caribeña.
4. Rubén Blades toma su inspiración de temas sociales y políticos.
5. *Answers will vary.*

pp. 140–141 Actividades:

Ej. A: *(Possible answers)*

1. ay virgen, ay bendito, ave maría, ay Dios mío, ay Dios santo…
2. Oh my goodness! Oh my God! What a pain! How awful!
3. He is probably writing about Puerto Rican fatalism.

Ex. B: *Answers will vary.*

p. 141 Para escribir: *Answers will vary.*

Capítulo 6

p. 144 Preguntas:

1. El clima no varía mucho con las estaciones porque Colombia está cerca del ecuador. Varía con la altitud.
2. Dos productos importantes de Colombia son las esmeraldas y el café. Sí (No), (no) tomo café colombiano.

p. 147 Práctica:

Ej. A:

1. toca
2. cine
3. jugamos
4. Teatro
5. corremos
6. un paseo

Ej. B:

1. pintar
2. cantar
3. jugar al fútbol
4. programar la computadora
5. jugar al tenis
6. patinar
7. bailar
8. tocar la guitarra

p. 147 Preguntas: *(Possible answers)*

1. Yo (voy al cine, escucho música…) los fines de semana. Sí (No), (no) tengo muchos discos compactos (muchas cintas). Sí (No), (no) veo televisión.
2. Para hacer ejercicio, yo (corro, nado, practico deportes, patino, juego al tenis…).
3. Prefiero bailar (escuchar música). Sí (No), (no) sé tocar la guitarra (el piano, el violín). Sí (No), (no) canto con un (ningún grupo musical).
4. Sí (No), (no) sé programar una computadora. Tengo (una IBM).
5. Sí (No), (no) saco muchas fotos (de…).
6. Sí (No), (no) sé pintar.
7. Voy a (ir al cine) el fin de semana que viene.

p. 148 Dialogue questions:

1. Silvia y Tomás quieren ir al Teatro Nacional.
2. Necesitan dinero.
3. Van a ver *Sor prendidas,* una comedia.
4. Tomás le va a comprar la entrada a Pedro.

p. 150 Práctica:

Ej. A:

1. Su tío le compra un radio.
2. Su hermana le compra un reloj.
3. Su primo le compra unos libros.
4. Su tía le compra una bicicleta.

Ej. B:

1. Le lee libros.
2. Les promete llevar a patinar.
3. Me escribe poemas.
4. Les (Os) toca la guitarra.
5. Te prepara el almuerzo.
6. Nos compra chocolates.

Ej. C:

1. ¿Me hablas a mí?
2. ¿Le presentan ustedes las cintas a Manuel?
3. ¿Les escribes (escribe usted) a tus (sus) padres?
4. ¿Me vas a comprar una entrada a mí?
5. ¿Te (Le) presentan dinero a ti (usted)?

p. 150 Entrevista: *(Possible answers)*

1. Sí (No), (no) les escribo a mis padres. Sí (No), (no) me escriben. (Les) escribo a (mis amigos).
2. Sí (No), (no) les hablo mucho por teléfono a mis amigos.
3. Sí (No), (no) les hago muchas preguntas a mis profesores. Sí (No), (no) les hablo después de las clases.
4. (Catalina) me prepara la comida. (Rosita) me ayuda con los deberes.
5. Sí (No), (no) les presto dinero a mis amigos. Sí (No), (no) les presto otras cosas. Sí (No), mis amigos (no) me prestan dinero. Sí (No), (no) me prestan otras cosas.
6. Sí (No), (no) lo hablo.

p. 151 Dialogue questions:

1. Jaime quiere ir a Bogotá.
2. Sí, Jaime y Laura tienen reservaciones.
3. El avión sale de la puerta número 2.

p. 152 Práctica:

1. pregunta
2. pide
3. preguntar
4. pregunta
5. pido
6. pregunta
7. pido
8. pide

p. 153 Entrevista: *(Possible answers)*

1. Mi restaurante favorito es... Sí (No), (no) sirven desayuno (almuerzo, cena) allí.
2. Sí (No), (no) les pido muchos favores a mis amigos (profesores).
3. Sí (No), (no) les pido dinero a mis padres. Sí (No), generalmente (no) me dan dinero. Dicen... cuando les pido dinero. Sí (No), (no) les pido consejos a mis padres.
4. Sigo un curso de español, (de matemáticas, de inglés, de biología...) ahora. Pienso seguir (un curso de historia, de arte, de química).
5. Digo («¿Qué quiere decir...?») cuando no entiendo una palabra.

p. 153 Preguntas:

1. Cartagena está en la costa de Colombia.
2. En la época colonial, hay once kilómetros de murallas (*walls*) y muchas fortificaciones impresionantes en Cartagena; también hay catedrales, conventos, monasterios, tiendas, grandes plazas y casas aristocráticas. En el Mar Caribe hay piratas y hay barcos (*ships*) ingleses, franceses y holandeses. También hay galeones españoles.
3. *Answers will vary.*

p. 155 Dialogue questions:

1. Un cuarto para dos personas en el hotel cuesta veinte mil pesos. Sí, tiene baño.
2. Sí, el señor puede reservarle un cuarto a Claudia.
3. Van a estar allí solamente por una noche.
4. Mañana vuelven a Bogotá.
5. La recepcionista puede despertarlos, si quieren.
6. Claudia duerme como un gato.
7. Claudia abre los ojos a las seis y media en punto todos los días.

p. 156 Práctica:

Ej. A:

1. Duermo hasta las diez de la mañana.
2. Muestro la universidad a algunos amigos.
3. Almuerzo en un buen restaurante.
4. Juego al tenis.
5. Encuentro un programa interesante en la televisión.

Ej. B:

1. Nosotros soñamos con una computadora.
2. Francisco sueña con un auto nuevo.
3. Roberto y María sueñan con una casa nueva.
4. Tú sueñas con un viaje a México.

p. 157 Entrevista:

1. Sí (No), (no) recuerdo mis sueños. Sí (No), (no) puedo interpretar mis sueños.
2. Sí (No), (no) hay una (ninguna) persona con quien sueño mucho. (Es...)
3. Sueño siempre con...
4. Sí (No), (no) duermo bien, en general. Sí (No), si tomo mucho café o té, (no) puedo dormir.
5. Duermo (siete) horas por la noche.
6. Cuando no puedo dormir, (leo).

p. 157 Preguntas:

1. El nombre *Colombia* viene de Colón.
2. *Precolombina* quiere decir «antes de Colón».
3. Están en en el suroeste de Colombia.
4. *Answers will vary.*

p. 158 Dialogue questions:

1. Francisco quiere mostrarle la Nueva Catedral de Sal a su amigo Fernando.
2. Francisco quiere tomar prestada la cámara de Fernando por un momento para sacarle una foto.
3. Sí (No), (no) saco muchas fotos cuando estoy de vacaciones.

p. 159 Práctica:

Ej. A:

1. b
2. c
3. a
4. a

Ej. B:

1. Rosa le da una guitarra a Miguel. Se la da.
2. Rosa les da dinero a sus hermanas. Se lo da.
3. Rosa le da las cartas a usted. Se las da.
4. Rosa les da consejos a ustedes. Se los da.
5. Rosa les da un gato a esas muchachas. Se lo da.
6. Rosa les da las cintas a los profesores. Se las da.
7. Rosa le da una bicicleta a la niña. Se la da.
8. Rosa le da las gracias al señor Díaz. Se las da.

p. 160 Preguntas: *(Possible answers)*

1. Sí (No), (no) se la leo.
2. Sí (No), (no) se las doy.
3. Sí (No), (no) se los presto.
4. Sí (No), (no) se lo muestro.
5. Sí (No), (no) se los doy a la policía.

p. 160 ¡Vamos a repasar!

1. encuentra
2. quiere
3. puede
4. desea
5. almuerza
6. cena
7. da
8. mira
9. sueña
10. puede
11. toca
12. canta
13. prefiere
14. es
15. tiene
16. llueve
17. hace
18. compran
19. encuentran
20. son
21. quieren

p. 161 Antes de leer:

1. September 21—Day of Love and Friendship.
2. Some of the activities are as follows: go out to eat, dance, send notes, give gifts, go to the theater.

p. 163 Después de leer:

Ej. A:

1. Falso. En Colombia el 21 de septiembre es el Día del Amor y la Amistad.
2. Verdadero.
3. Falso. No es descortés mandar cartas de amor o amistad por computadora.
4. Falso. Varios días antes del 21 muchos estudiantes o trabajadores salen en grupos a celebrar la ocasión.
5. Verdadero.

Ej. B: *Answers will vary.*

p. 165 Actividades:

Ej. A: *Answers will vary.*

Ej. B: *(Possible answers)*

En un hotel:
1. ¿Tiene un cuarto para esta noche?
2. ¿Tiene baño?
3. ¿Está incluido el desayuno?
4. ¿Tiene una cama doble?

En una estación de autobuses:
1. ¿A qué hora sale el autobús para…?
2. ¿Cuánto cuesta el boleto?
3. ¿Hay boletos de segunda clase?
4. ¿Es de ida y vuelta?

Ejs. C & D: *Answers will vary.*

p. 165 Para escribir: *Answers will vary.*

p. 168 Preguntas:

1. Unos 26 millones de hispanos viven hoy en los Estados Unidos (sin contar los varios millones de inmigrantes indocumentados).
2. De las veinte ciudades de los Estados Unidos con más residentes hispanos, cinco están en California: Los Ángeles, San Francisco/San José, San Diego, Fresno, Sacramento. Seis están en Tejas: Houston, San Antonio, McAllen/Brownsville, Dallas/Fort Worth, El Paso, Corpus Christi.
3. En el suroeste de los Estados Unidos, la presencia hispana es muy anterior a la presencia anglosajona.
4. Conozco (Colorado, Nevada, Tejas, San Francisco, Las Vegas y Amarillo).
5. Los puertorriqueños son ciudadanos de los Estados Unidos desde 1917.
6. Muchos cubano-americanos viven en Miami.

Capítulo 7

p. 170 Preguntas:

1. Barcelona es el puerto más importante de España.
2. El centro de la industria de la moda española está en Barcelona.
3. Los artistas Joan Miró y Salvador Dalí, el arquitecto Antoni Gaudí y el cantante de ópera José Carreras son catalanes.
4. Las ciudades de Sevilla, Córdoba y Granada muestran muy claramente la influencia árabe.
5. Los escritores Federico García Lorca, Juan Ramón Jiménez y Luis de Góngora y los artistas Pablo Picasso y Diego Velázquez son andaluces.
6. La música flamenca es típica de Andalucía. Sí (No), (no) conozco la música flamenca. Sí (No), (no) me gusta.

p. 173 Práctica:

1. … un impermeable y un paraguas.
2. … un sombrero, sandalias y un traje de baño.
3. … medias y un vestido (calcetines, un traje y una corbata).
4. … un suéter, botas, guantes, jeans y un abrigo.
5. … un pijama.

p. 173 Preguntas: *(Possible answers)*

1. Llevo…
2. Llevo una camisa (blusa) (azul) y unos pantalones (negros).
3. Mi color favorito es (el azul).
4. El vestido, las medias, la blusa y la falda son solamente para mujeres. La corbata y la camisa son solamente para hombres.

p. 174 Dialogue questions:

1. José se queda en casa porque no se divierte en las fiestas.
2. José se levanta a las siete los domingos.
3. En general, (duermo) los domingos a las siete de la mañana. Sí (No), (no) me levanto. Sí (No), (no) me acuesto.

pp. 176–177 Práctica:

Ej. A:

1. hay: nonreflexive
2. se casan: reflexive
3. pueden encontrar: nonreflexive
4. se quedan: reflexive
5. inspiran: nonreflexive
6. se rebelan: reflexive
7. pasan: nonreflexive
8. se preocupan: reflexive
9. se visten: reflexive

Ej. B:

1. Me despierto a las siete y cuarto.
2. Me levanto a las siete y media.
3. Me lavo a las ocho menos cuarto.
4. Me visto a las ocho.
5. Salgo para la universidad a las ocho y cuarto.
6. Almuerzo a las doce.
7. Me quedo en casa después de las tres.
8. Me acuesto a las once.

Ej. C: *Answers will vary.*

Ej. D:

1. se conocen
2. se ven
3. se confiesan
4. se miran
5. se hablan
6. se ayudan
7. se entienden

FINAL: se casan

Ej. E:

1. nos conocemos
2. nos vemos
3. nos confesamos
4. nos miramos
5. nos hablamos
6. nos ayudamos
7. nos entendemos

FINAL: nos casamos

p. 177 Entrevista: *(Possible answers)*

1. Me levanto a las (ocho) los lunes. Me levanto a las (diez) los sábados. Me acuesto a las (once) los lunes. Me acuesto a las (dos) los sábados.
2. Sí (No), (no) voy a quedarme en casa esta noche. Sí (No), (no) voy a salir. En general, voy (al cine, a un café) para divertirme.
3. Hay que ponerse (un vestido/un traje) para ir a un buen restaurante.
4. Sí (No), (no) es importante vestirse a la moda.
5. Llevo (una camisa y jeans) cuando me quedo en casa.

p. 178 Preguntas:

1. El nombre «gitano» viene de la vieja palabra española «egiptano» (*Egyptian*), pero en realidad los gitanos tienen su origen en India y Pakistán.
2. La música flamenca refleja la pasión y el dolor de la gente gitana.
3. Hay muchos festivales de flamenco en el sur de España.
4. Sí (No), (no) conozco la música flamenca (a Joaquín Cortés).

p. 179 Questions:

1. Pablo Picasso nació en Málaga, España en 1881.
2. Se mudó a Barcelona en 1895.
3. Vivió después en Madrid y en París.
4. El cuadro *Les demoiselles d'Avignon* muestra a unas prostitutas barcelonesas. Este cuadro es importante porque con este cuadro Picasso empezó a crear el estilo que se llamó después el «cubismo».

pp. 181-182 Práctica:

Ej. A:

1. Me desperté a las siete y cuarto.
2. Me levanté a las siete y media.
3. Me lavé a las ocho menos cuarto.
4. Me vestí a las ocho.
5. Salí para la universidad a las ocho y cuarto.
6. Almorcé a las doce.
7. Me quedé en casa después de las tres.
8. Me acosté a las once.

1. se conocieron
2. se vieron
3. se confesaron
4. se miraron
5. se hablaron
6. se ayudaron
7. se entendieron

FINAL: se casaron

Ej. B: *(Possible answers)*

1. El señor Díaz llamó por teléfono y habló con su esposa. Después pidió un sándwich. Prefirió trabajar en la oficina.
2. Yo asistí a un partido de fútbol. «Los Aztecas» jugaron mal y perdieron el partido, pero «los Conquistadores» jugaron bien y ganaron.
3. Ramón y Ana Luisa bailaron mucho anoche. Hablaron de muchas cosas y se divirtieron mucho.
4. Juana y Julia se despertaron temprano por la mañana. Jugaron al tenis y corrieron mucho.
5. Susana y Jesús asistieron a un concierto el sábado pasado. Se visitieron con ropa elegante. Escucharon la música muy bonita que tocó el violinista y se divirtieron mucho. Volvieron a casa después del concierto.

Ejs. C & D: *Answers will vary.*

p. 182 Preguntas:

1. Los árabes dominaron a España entre los siglos VIII y XV.
2. Los cristianos, judíos y árabes vivieron y trabajaron juntos durante esa época.
3. La arquitectura árabe, caracterizada por su gran variedad de diseños geométricos, lógica matemática y armonía estética, es magnífica.
4. Está en Granada, España.
5. *Answers will vary.*

p. 183 Questions:

1. Los jóvenes españoles pasan su tiempo libre con sus amigos; ven televisión, escuchan la radio o hablan con la familia. También practican deportes.
2. Los temas que más les preocupan son el desempleo, el SIDA y las drogas.
3. La paz es la causa que más justifica sacrificios.
4. No, no tienen mucha confianza en las instituciones. El sistema educativo, la policía, el ejército y las grandes compañías son las instituciones que les inspiran menos confianza.
5. No, España no está tan lejos de Estados Unidos en las costumbres juveniles, según muchos escritores.

p. 187 Práctica:

Ej. A:

1. más
2. más vieja
3. el
4. tantas… como
5. más
6. lindísimo

Ej. B:

1. ¡Muchísmo, hombre!
2. ¡Grandísimos, hombre!
3. ¡Altísima, hombre!
4. ¡Lindísimo, hombre!
5. ¡Tardísimo, hombre!

Ejs. C & D: *Answers will vary.*

p. 188 ¡Vamos a repasar!

1. Me llamo
2. soy
3. tengo
4. me levanto
5. regreso
6. me quedo
7. leo
8. veo
9. estudio
10. estoy
11. vamos
12. salgo
13. me pongo
14. estoy
15. me divierto
16. me despierto
17. almuerzo
18. damos
19. nos vamos
20. hago

p. 189 Antes de leer:

1. c
2. e
3. b
4. g
5. f
6. d
7. a

p. 190 Después de leer: *(Possible answers)*

1. Barcelona manifiesta influencias de los griegos, romanos, visigodos, moros y francos, entre otros.
2. La avenida principal de esa ciudad se llama las Ramblas.
3. La región de España donde está Barcelona se llama Cataluña.
4. Los artistas Joan Miró, Salvador Dalí y Pablo Picasso vivieron en Barcelona.
5. El arquitecto del Templo de la Sagrada Familia se llama Antoni Gaudí.
6. Algunas de las características de la obra de Gaudí son: elementos zoológicos, botánicos y geológicos; muchas curvas y formas geométricas nuevas.
7. Sí (No), (no) conozco un (ningún) edificio que tenga características similares a las que tienen las obras de Gaudí.

pp. 192–193 Actividades: *Answers will vary.*

p. 193 Para escribir: *Answers will vary.*

Capítulo 8

p. 196 Preguntas: *(Possible answers)*

1. Cortés exploró el suroeste de Estados Unidos en 1530. Otros exploradores que llegaron aquí son Francisco Vásquez de Coronado, Hernando de Soto, Álvar Núñez Cabeza de Vaca, Gaspar de Portolá y Juan Ponce de León.
2. Músicos: Linda Ronstadt, Los Bukis. Escritores: Sandra Cisneros, Rudolfo Anaya. Atletas: Fernando Valenzuela y Nancy López. Actores: Anthony Quinn, Edward James Olmos.
3. Sí (No), (no) como en restaurantes mexicanos a veces. Mi plato mexicano favorito es…

p. 200 Preguntas: *(Possible answers)*

1. Para el desayuno, generalmente como (cereales). Tomo (el café).
2. Prefiero el café (el té). Prefiero el café con leche y azúcar (el café negro).
3. A la hora del almuerzo, como (una hamburguesa y una ensalada).
4. Ceno a las (seis). Como… para la cena.
5. Sí (No), (no) como mucha carne (mucho pescado, pan con mantequilla).
6. Mis frutas favoritas son (las manzanas, las piñas y las naranjas). No como (bananas).
7. Cuando tengo mucha sed, tomo (una Coca-Cola). Sí (No), (no) tomo mucho café (mucho vino, mucha cerveza, mucho jugo).
8. Las personas que quieren ser delgadas no comen helado o pasteles (tortas).

p. 200 ¿Qué es esto? *Oral exercise.*

p. 200 Dialogue questions:

1. El señor pide dos enchiladas de pollo para comer y una cerveza para tomar.
2. Sí, al señor le gusta la comida picante.
3. El camarero le trae la cuenta y un vaso de agua después.

pp. 202–203 Práctica:

Ej. A:

1. ¿Te gusta el jamón?
2. ¿Te gustan los frijoles?
3. ¿Te gusta viajar?
4. ¿Te gustan las naranjas?
5. ¿Te gusta cocinar?
6. ¿Te gustan los postres?
7. ¿Te gustan las bananas?
8. ¿Te gusta el cerdo?

1. ¿Le gusta el jamón?
2. ¿Le gustan los frijoles?
3. ¿Le gusta viajar?
4. ¿Le gustan las naranjas?
5. ¿Le gusta cocinar?
6. ¿Le gustan los postres?
7. ¿Le gustan las bananas?
8. ¿Le gusta el cerdo?

Ej. B:

1. (A Eduardo) le falta lechuga para la ensalada verde.
2. (A mí) me faltan huevos para la torta.
3. (A ustedes) les faltan papas para las papas fritas.
4. (A ti) te falta arroz para el arroz con pollo.
5. (A nosotros) nos faltan verduras para la sopa.
6. (A los Ruiz) les falta carne para las hamburguesas.

Ej. C: *Answers will vary.*

Ej. D: *(Possible answers)*

1. ¿Qué le encanta a Felipe?
   A Felipe le encantan las frutas.
2. ¿Qué no le importa a mucha gente?
   A mucha gente no le importa la lluvia.
3. ¿Qué le interesa a Tomás?
   A Tomás le interesa la historia.
4. ¿Qué me traen mis amigos?
   Mis amigos me traen regalos.
5. ¿Qué no les gusta oír a Pablo y a Ana?
   A Pablo y a Ana no les gusta oír la música de Martín.
6. ¿Qué les importa a ustedes?
   A nosotros, los estudiantes, nos importan los problemas sociales (nos importa el problema de…).

p. 204 Entrevista: *(Possible answers)*

1. Me gustan más (la Coca-Cola, la limonada, el helado…) cuando hace calor. Me gustan más (la sopa, el café, el té…) cuando hace frío. Me gustan más (las hamburguesas…) cuando no tengo tiempo de cocinar. Me gustan más (las ensaladas…) cuando estoy a dieta. Me gustan más (el bistec…) cuando estoy en un restaurante elegante.
2. En mi casa, (Miguel) compra la comida, (Teresa) cocina y (yo) lavo los platos. Me gusta cocinar. (Prefiero lavar los platos.)
3. Sí (No), (no) me importa mucho el dinero. Sí (No), (no) les importa mucho el dinero a mis papás.
4. Sigo un curso de español… (El español, la historia…) me interesa(n) más. (La biología, las matemáticas…) no me interesa(n).

p. 204 Preguntas:

1. Los critican por su manera de hablar.
2. Algunos mexicano-americanos usan palabras del siglo XVI porque los españoles llegaron aquí en ese siglo.
3. «Yarda», «troca» y «breque» quieren decir *yard, truck* y *brake.*
4. *(Possible answers)* adobe, amigo, burro, chocolate, coyote, guerrilla, hurricane (huracán), junta, maize (maíz), marijuana, mosquito, padre, patio, peon, plaza, poncho, tomato, vista.

p. 205 Preguntas:

1. De las personas en Estados Unidos que tienen otra lengua materna, el 79 por ciento habla bien o muy bien el inglés.
2. El 21 por ciento habla poco inglés o ningún inglés.
3. El 5,5 por ciento de estudiantes tiene poco dominio del inglés.
4. *Answers will vary.*

p. 206 Dialogue questions:

1. Hilda fue al restaurante «La Cazuela» anoche.
2. Fernando quiso ir pero no pudo.
3. La paella es un plato que tiene arroz, pescado y mariscos.
4. Ramona pidió gazpacho, un bistec, una ensalada y flan.
5. Estuvo muy rico.
6. No totalmente —supo cuidarse porque no le puso azúcar al café.

pp. 208–210 Práctica:

Ej. A:

1. fui
2. Salí
3. llegué
4. esperaron
5. pasé
6. fuimos
7. tuve
8. dijeron
9. hubo
10. di
11. cenamos
12. trajeron
13. volví
14. Fue

Ej. B:

1. murió
2. decidí
3. fue
4. sirvió
5. puse
6. dijo
7. pusimos
8. hizo
9. dio
10. vinieron
11. trajeron
12. trajo
13. hice
14. pinté
15. terminamos

Ej. C:

1. Anoche mis amigos hicieron...
2. Ayer unos estudiantes trajeron...
3. El año pasado yo di...
4. En 1996 mi familia fue...
5. En 1996 yo no pude...
6. Después de cocinar, mamá puso...
7. La semana pasada el profesor dijo...
8. El fin de semana unos amigos vinieron...

p. 210 Entrevista: *(Possible answers)*

1. Estuve (en la biblioteca) a las dos de la tarde ayer. Estuve (en casa) a las nueve de la noche.
2. Sí (No), (no) fui a un (ningún) lugar interesante la semana pasada. (Fui a...)
3. Sí (No), (no) fui a un (ningún) restaurante donde sirven comida española o latinoamericana una (ninguna) vez. Sí (No), (no) pude pedir la comida en español. El camarero me dio (enchiladas).
4. Sí (No), (no) vine a clase ayer.
5. (Fui al cine con mis amigos) el fin de semana pasado.

p. 210 Preguntas:

1. Algunas palabras españolas que usamos en inglés son: rancho, rodeo, palomino, bronco, pinto, corral, lazo y lariat (la reata).
2. Los españoles trajeron los caballos de Europa a las Américas.
3. Cuando los anglosajones invadieron el suroeste de los Estados Unidos, muchos mexicanos perdieron sus ranchos.
4. Sí, el rodeo es muy lucrativo.
5. Sí (No), (no) asisto a rodeos (de vez en cuando).

p. 211 Questions:

1. Nos dice que toda la familia celebra las fiestas mexicano-americanas. Sí (No), cuando hago una fiesta, (no) invito a gente vieja y gente joven también.
2. Hay dos tortas de cumpleaños, regalos y vasos en la mesa.
3. Según mi opinión, sí (no), (no) hay música en esta fiesta. (El tipo de música es...)

p. 214 Práctica:

Ej. A:

1. F   2. F   3. F   4. V   5. V   6. F   7. F   8. V

Ej. B:

1. por
2. por
3. por
4. para
5. para
6. por
7. por
8. por
9. por
10. para

Ej. C: *Answers will vary.*

p. 214 ¡Vamos a repasar! *Answers will vary.*

p. 215 Antes de leer:

Ej. A: *Answers will vary.*

Ej. B: *(Possible answers)*

oscuras—*dark (obscure)*; un momento—*a moment*, un instante—*an instant*, responde—*to respond, answer*; vinos—*wines*, finos—*fine*, exóticas—*exotic*, pasión—*passion*

p. 217 Después de leer:

Ej. A: *(Possible answers)*

1. *obscure*—oscuras; *mass*—masa
2. momento—instante; contesta—responde
3. barbaridad—*barbarity;* bárbaro—*barbarous*
4. *fine*—fino; *exotic*—exótico
5. *to taste*—saborear; *to savor*

Ej. B: *Answers will vary.*

p. 219 Actividades: *Answers will vary.*

p. 221 Para escribir: *Answers will vary.*

Capítulo 9

p. 224 Preguntas:

1. Ciudad de Guatemala, Tegucigalpa y San Salvador
2. Tikal (Guatemala), Copán (Honduras) y Joya del Cerén (El Salvador)
3. El Salvador, El Salvador
4. la guerra civil de Guatemala

p. 227 Práctica: *Answers will vary.*

p. 228 Dialogue questions:

1. Antes José trabajaba y estudiaba al mismo tiempo.
2. Sacaba buenas notas.
3. Estudiaba por la noche. Trabajaba por la mañana.
4. Practicaba deportes, veía televisión y salía con sus amigos los fines de semana.
5. Ana rompió con José porque no le quedaba tiempo para tener novia.
6. Sí (No), (no) creo que es (sea) posible trabajar, salir con amigos y también sacar buenas notas (si una persona sabe organizarse).

pp. 230–231 Práctica:

Ej. A:

1. Mamá preparaba la cena.
2. Federico hacía unos ejercicios de matemáticas.
3. Susana y Guillermo ponían la mesa.
4. Tú leías la carta de tu novio.
5. Luisa y yo veíamos televisión.
6. Anita hablaba por teléfono con una amiga.
7. Papá dormía en el sofá.
8. Los Herrera cenaban en casa de los Balbuena.

Ej. B:

1. Yo era estudiante. Siempre iba al café. Allí veía a mis compañeros.
2. Tío Juan era soltero. Siempre iba a la playa. Allí veía a su novia.
3. Tú eras muy pequeño. Siempre ibas al parque. Allí veías a tus primos.
4. Mis abuelos eran pobres. Siempre iban a la iglesia. Allí veían a sus parientes.
5. Nosotros éramos más jóvenes. Siempre íbamos al cine. Allí veíamos a nuestros amigos.

Ej. C:

1. estaba
2. veía
3. Hablábamos
4. tomábamos
5. tocaban
6. cantaban
7. íbamos
8. eran
9. Había
10. existía

p. 231 Entrevista: *(Possible answers)*

1. Vivía en (Ohio) cuando era niño(-a).
2. Mi casa era (pequeña).
3. Vivía cerca (lejos) de mis abuelos.
4. Ellos eran (simpáticos).
5. Asistía a la escuela de (Clintonville) cuando tenía ocho años.
6. Sí (No), mi mamá (no) trabajaba. Me quedaba (con mis abuelos) cuando ella trabajaba.
7. Quería ser (profesor[a]) cuando era niño(-a).
8. Me gustaba (jugar con mis amigos) de niño(-a).
9. Jugaba con (Julieta y Pámela) (en el parque).
10. Sí (No), (no) jugaba al béisbol (al fútbol, al tenis, a otros deportes).
11. Mi familia iba a (las montañas) de vacaciones.
12. Me gustaba (la historia). No me gustaba (la biología).
13. Sí (No), (no) salía con otros(-as) chicos(-as) cuando tenía catorce años.
14. Sí (No), (no) veía mucha televisión. Mis programas favoritos eran...
15. (Viajaba mucho) durante mis vacaciones.
16. Sí (No), (no) era más feliz antes que ahora porque...

p. 231 Dialogue questions:

1. No, Ema no sabía que Olga y Bob se conocían.
2. Se conocieron anoche en la boda de Amparo y Domingo.
3. Bailaron mucho en la boda. Ema lo supo por Antonio.
4. Antonio le dijo a Ema que hacen una linda pareja.
5. Van a la fiesta de Ema.
6. No, Bob cree que los latinos no duermen mucho. Pregunta «¿Cuándo dormís vosotros los latinos?»

pp. 233–234 Práctica:

Ej. A:

1. llamaste, celebrábamos
2. llegamos, sabíamos, tuvimos
3. salí, llovía, volví, me puse
4. fui, bailé, Había, nos divertimos
5. conoció, sabía

Ej. B:

1. Era
2. dormían
3. estaban
4. Había
5. entró
6. Era
7. buscaba
8. Fue
9. abrió
10. vio
11. escucharon
12. entró
13. vieron
14. se fue
15. se despertaron
16. estaban
17. llamó
18. estaban
19. tenían

1. Era el verano cuando pasó esto.
2. Susana y su esposo dormían.
3. Había cosas muy lindas.
4. A los doce un hombre entró en la casa.
5. Cuando se despertaron, descubrieron que los regalos ya no estaban allí.
6. Susana llamó a la policía.
7. No, no estaban muy tristes porque los regalos más importantes, los anillos, todavía los tenían.

Ej. C:

1. conocí
2. nos casamos
3. fue
4. tuvimos
5. bailamos
6. celebramos
7. salimos
8. fuimos
9. era
10. tenía
11. íbamos
12. Estuvimos
13. fuimos
14. vimos
15. Supimos
16. tenían
17. nos quedamos
18. regresamos

p. 234 Entrevista: *(Possible answers)*

1. Yo (estudiaba) el año pasado.
2. Anoche, (estudié).
3. Cuando era niño(-a), (jugaba con mis amigos) los fines de semana.
4. (Fui al cine) el fin de semana pasado.
5. Sí (No), (no) veía muchas películas cuando era un poco menor. Me gustaba ir al cine con amigos (Prefería ir solo[-a]) porque…
6. Sí (No), (No) vi una (ninguna) película interesante recientemente. (Se llamaba…)
7. Eran las (once) cuando me acosté anoche. Después de cenar y antes de acostarme, (estudié, hablé con un[a] amigo[-a], salí con mi novio[-a]…).

p. 235 Preguntas: *(Culture box)*

1. Rigoberta Menchú es de Guatemala.
2. Tenía cinco años cuando empezó a trabajar en el campo.
3. Hablaba quiché de niña.
4. El ejército guatemalteco los asesinó.
5. Su libro se llama *Me llamo Rigoberta Menchú y así me nació la conciencia.* Sí (No), (no) lo conozco.

p. 235 Dialogue questions:

1. Hace una hora que Jane espera a Fernando.
2. Fernando salió de su casa hace media hora.
3. Tenían que encontrarse a las cinco.
4. Hacía media hora que Jane estaba allí cuando Fernando salió.
5. Generalmente, Fernando llega tarde a una cita. Jane llega a tiempo.

p. 237 Práctica:

1. Sí, le hablé hace diez minutos.
2. Sí, fui al banco hace varios días.
3. Sí, los compré hace mucho tiempo.
4. Sí, las hice hace una hora.
5. Sí, las llevé a la oficina hace una semana.
6. Sí, lo llamé hace media hora.

p. 237 Entrevista: *(Possible answers)*

1. Hace (dos) semanas que empezó el semestre (trimestre). (*or*) El semestre (trimestre) empezó hace (dos) semanas. Hace (diez minutos) que empezó la clase de hoy. (*or*) La clase de hoy empezó hace (diez minutos).
2. Hace tres (cinco) horas que estaba (en la biblioteca). (*or*) Estaba (en la biblioteca) hace tres (cinco) horas.
3. Hace (dos años) que soy estudiante universitario(-a). (*or*) Soy estudiante universitario(-a) hace (dos años). Hace (un semestre) que estudio español. (*or*) Estudio español hace (un semestre). Hace (dos semanas) que conozco a mi profesor(a) de español. (*or*) Conozco a mi profesor(a) de español hace (dos semanas).
4. Mis padres se conocieron (en la universidad). Hace (veinticinco años) que mis padres se conocieron. (*or*) Mis padres se conocieron hace (veinticinco años). Sí (No), (no) se conocían desde hacía mucho tiempo cuando se casaron.
5. Vivo en (Chicago). Sí (No), (no) vivo allí desde hace mucho tiempo. Vivía en (Boston) hace cinco años. Sí (No), (no) hacía mucho tiempo que vivía allí cuando me mudé.

p. 237 Proverbios:

1. b
2. c
3. a
4. d

p. 238 Práctica:

Ej. A:

1. que
2. quienes
3. quien
4. que
5. quienes

Ej. B:

1. ... es un país que quiero conocer.
2. ... son ciudades que quiero visitar.
3. ... son dos películas que pienso ver.
4. ... es el (la) profesor(a) con quien sigo un curso muy interesante.
5. ... son dos estudiantes que siempre están en clase.
6. ... es una universidad que tiene muy buena reputación.
7. ... es una persona a quien admiro mucho.

p. 239 ¡Vamos a repasar! *Answers will vary.*

p. 239 Antes de leer: *(Possible answers)*

1. love
2. play
3. two—a man and a woman
4. They have the same letters, but in a scrambled format.

p. 241 Después de leer:

Ej. A: *(Possible answers)*

1. Él y Ella están en un parque.
2. Sí, se quieren porque se dicen «Te amo» muchas veces. Según mi opinón, estos personajes no tienen nombre porque (no es necesario aquí).
3. Él no está muy contento con la relación que existe entre Él y Ella porque (Él se aburre).
4. Ella le confiesa a Él que ama a otro. Sí (No), (no) creo que Ella le dice (diga) la verdad a Él porque...
5. Creo que Él (juega con Ella) porque...
6. Según mi opinión, (Él está muerto...).

Ejs. B & C: *Answers will vary.*

pp. 244–245 Actividades:

Ej. A: *(Possible answers)*

1. Gracias.
2. ¡Salud!
3. De nada. (No hay de qué.)
4. ¡Felicitdades!
5. Mucho gusto.
6. ¡Salud!
7. Con permiso.
8. ¡Buen provecho!

Ejs. B & C: *Answers will vary.*

p. 245 Para escribir: *Answers will vary.*

p. 248 Preguntas:

1. El baile típico de Cataluña se llama «la sardana». Refleja el amor que la gente siente por su región.
2. Las estudiantinas o tunas son grupos musicales. Son populares en todo el mundo hispano, especialmente en España.
3. En la música de Hispanoamérica hay una combinación de elementos indígenas, españoles y africanos.
4. El tango, la samba, la salsa, la rumba y el merengue son algunos de los ritmos típicos de Hispanoamérica.
5. Sí (No), (no) conozco a un cantante hispanoamericano. Se llama Juan Luis Guerra.

Capítulo 10

p. 250 Preguntas:

1. En la Península de Yucatán hay playas hermosas e islas tropicales.
2. La «ruta maya» es una serie de sitios de interés arqueológico. Está en la Península de Yucatán.
3. Guanajuato está en el centro del país, al norte de Ciudad de México. Es un lugar turístico muy popular por sus edificios coloniales, sus pequeñas plazas pintorescas y su rica vida cultural.

p. 253 Práctica:

1. pensión
2. banco, caja
3. aduana
4. puerto
5. equipaje
6. pasajero(-a)

p. 254 Práctica:

1. Falso. Lleva poco equipaje.
2. Falso. Hace la maleta varios días antes de salir.
3. Verdadero.
4. Falso. Recuerda tres cosas importantes: el dinero, el pasaporte y los boletos.
5. Falso. Lleva cheques de viajero porque es fácil cambiarlos.
6. Verdadero.

p. 254 Preguntas: *(Possible answers)*

1. Sí (No), (no) me gusta viajar. Visité (México) durante mi último viaje.
2. Sí (No), (no) pienso hacer un viaje este año. Pienso hacer un viaje a (la Florida) en (la primavera) con (mis amigos).
3. Sí (No), (no) paseo (voy) mucho en auto. Sí hago autostop a veces. (No, nunca hago autostop.)
4. Sí (No), (no) pienso hacer un paseo este fin de semana (a la playa).
5. Un(a) cajero(-a) es una persona que cambia dinero. Una recepcionista es una persona que trabaja en un hotel y que ayuda a las personas que se quedan allí.

p. 255 Dialogue questions:

1. Los señores Smith quieren ir a un banco para cambiar dinero.
2. El Banco de México está a siete cuadras de allí.
3. Deben caminar dos cuadras por la Avenida Juárez.
4. Los bancos cierran a las cuatro en esa ciudad.
5. Los señores Smith deben tomar un taxi para no llegar tarde.

pp. 256–257 Práctica:

Ej. A:

1. Llame a la agencia de viajes.
2. Hable con Luisa.
3. Reserve los pasajes.
4. No pierda el tiempo.
5. Salga al banco.
6. No vaya en autobús.
7. Tome un taxi.
8. Saque dos millones de pesos del banco.
9. Pague los pasajes y…
10. ¡…vuelva inmediatamente!

Ej. B:

1. Hagan las maletas hoy o mañana.
2. No lleguen tarde al aeropuerto.
3. Asistan a un concierto de música folklórica.
4. Saquen muchas fotografías.
5. Vayan al Museo Nacional de Antropología.
6. Den un paseo por el Zócalo y…
7. ¡Coman comidas típicas!

Ej. C:

1. Sí, cambie dinero aquí.
2. Sí, use el teléfono.
3. Sí, salgan de la aduana ya.
4. Sí, compre algunos regalos ahora.
5. Sí, hagan una excursión en barco.
6. Sí, saquen unas fotografías.

Ej. D:

1. No, no cambie dinero aquí.
2. No, no use el teléfono.
3. No, no salgan de la aduana ya.
4. No, no compre ningún regalo ahora.
5. No, no hagan una (ninguna) excursión en barco.
6. No, no saquen unas fotografías (ninguna fotografía).

p. 257 Conversaciones: *Answers will vary.*

p. 258 Preguntas:

1. Mario Molina es un eminente científico mexicano.
2. Descubrió el rol que juegan los fluoroclorométanos en la destrucción de la capa de ozono.
3. Ganó el Premio Nóbel en 1995.

4. Su descubrimiento es importante porque tuvo un impacto inmediato en la regulación y el control de los fluoroclorométanos y en una mayor preocupación por preservar el hábitat terrestre.

p. 259 Dialogue questions:

1. Fermín quiere ir al puerto.
2. Fermín debe doblar a la estación de autobuses.
3. Fermín quiere llegar al puerto para reservar los pasajes.
4. Los niños (Toño y Lisa) lo van a acompañar.
5. Toño cree que van a ir a la jugetería.
6. En general, prefiero viajar en (avión) porque…

p. 261 Preguntas:

1. Los «árboles de la vida» son objetos de cerámica en forma de árboles, adornados con figuras humanas, animales, flores o figuras míticas. Ilustran un episodio de la Biblia, la historia de una familia, algún mito o alguna tradición popular.
2. Metepec está en el valle de Toluca en el estado de México.
3. Tiburcio Soteno Fernández es el artista más importante en este tipo de obra. Su mamá empezó la tradición de los árboles de la vida.
4. Una visita a Metepec es inolvidable porque uno está en un mundo de colores vivos y formas variadas.

p. 262 Dialogue questions:

1. La familia Castellón está en Ciudad de México.
2. Los niños quieren saber cuándo van a llegar al Parque de Chapultepec.
3. El señor Castellón para el coche porque quiere mirar el mapa.
4. La señora Castellón sale del coche para preguntar cómo ir al Parque de Chapultepec.
5. Según el señor, hay que regresar a la Plaza de las Tres Culturas, doblar a la izquierda en Paseo de la Reforma…
6. Cuando llegan al parque, los niños duermen.

p. 263 Práctica:

Ejs. A: *(Possible answers)*

1. el pasaporte: Búscalo allí, por favor.
2. los mapas: Búscalos allí, por favor.
3. la dirección del hotel: Búscala allí, por favor.
4. los cheques de viajero: Búscalos allí, por favor.

Ej. B & C: *Answers will vary.*

p. 263 ¡Vamos a repasar! *Answers will vary.*

p. 264 Antes de leer:

1. «La antigua capital azteca» es Ciudad de México.
2. Tres personas hablan en esta conversación.
3. a. Uruguayan
   b. marvelous
   c. fascinating
   d. ruin
   e. admire
   f. vista (view)

p. 266 Después de leer:

1. Están en una oficina del Zócalo, México D.F.
2. Sí, Amalia y Alonso ya se conocían. Se conocieron en Montevideo.
3. Hace dos años que Alonso está en México.
4. Sí, éste es el primer viaje de Amalia a México. La invitación incluye pasaje de ida y vuelta y seis días en el mejor hotel de esa ciudad.
5. Ciudad de México está construida sobre las ruinas de la antigua capital azteca.
6. Los aztecas tenían su gran templo en el sitio donde ahora está la catedral.
7. Piensan ir a la Torre Latinoamericana para tomar una copa en el bar.
8. Amalia quiere comprar película para su cámara antes de ir allí.
9. Sí, a ella le gusta sacar fotos. Lo sabemos porque Alonso dice que ella nunca va a ninguna parte sin su famosa cámara.
10. Me gusta sacar muchas fotos (Prefiero comprar postales) en los lugares que visito cuando viajo porque…

pp. 268–269 Actividades:

Ej. A: *Answers will vary.*

Ej. B:

1. el Museo Nacional de Antropología
2. el Zócalo
3. el Frontón México
4. la Catedral Metropolitana

Ejs. C & D: *Answers will vary.*

p. 269 Para escribir: *Answers will vary.*

Capítulo 11

p. 272 Preguntas:

1. La capital de Nicaragua es Managua. La capital de Costa Rica es San José. La capital de Panamá es Ciudad de Panamá.
2. Las dos estaciones del año son la estación húmeda («el invierno»), mayo a diciembre, y la estación seca («el verano»), enero a abril.
3. «Nica» quiere decir «nicaragüense» y «tico» quiere decir «costarricense».

p. 275 Práctica: *Answers will vary.*

p. 275 Preguntas: *(Possible answers)*

1. Prendo la radio cuando (quiero escuchar música).
2. Escucho (música) por radio.
3. Veo (las noticias) por televisión.
4. Veo televisión por (dos) horas en un día típico.
5. Sí (No), (no) hay canales públicos en esta región. Hay (uno). Es (el canal 11). Me gustan los programas como (Masterpiece Theater).

6. Según mi opinión, la influencia de la televisión es (buena/mala) porque (hay buenos reportajes especiales… /hay demasiada violencia…).
7. Me informo sobre las noticias (por el periódico). Sí (No), (no) me interesan mucho las noticias del día. Sí (No), (no) voy a reuniones donde la gente habla de las noticias.
8. Sí (No), (no) veo el noticiero todas las noches. Lo veo a las (seis).
9. Sí (No), (no) leo el periódico.
10. Sí (No), (no) leo los anuncios de comida (ropa).
11. Leo (*Newsweek*) porque (me gusta).

p. 276 Dialogue questions:

1. Sí, en general, se cierran los negocios a la hora de la siesta en el pueblo donde vive Marta.
2. No, Cindy cree que es mejor dormir la siesta porque se trabaja mejor después de una buena siesta.
3. Según Marta, se dice que con el horario de nueve a cinco se puede conservar energía, especialmente en el invierno. Teóricamente sí, está de acuerdo con ese nuevo horario, pero en la práctica, no está de acuerdo porque necesita la siesta.
4. Pienso que (es una buena idea). Sí (No), (no) creo que se trabaja (trabaje) mejor después de una buena siesta porque…

pp. 277–278 Práctica:

Ej. A:

1. Se conserva energía.
2. Se llevan suéteres y ropa caliente en el invierno.
3. No se prende la calefacción o el aire acondicionado innecesariamente.
4. No se usan aerosoles o productos con CFCs (clorofluorocarbonos).
5. Se plantan árboles.
6. Se compra comida natural, sin pesticidas.
7. No se come carne, especialmente carne de vaca.
8. Se cultivan frutas y verduras.
9. Se compran productos sin muchas envolturas.
10. Se lleva una taza a la cafetería; no se usan tazas de papel.
11. Se arreglan las cosas viejas; no se compran cosas nuevas innecesariamente.
12. Se usa papel reciclado.
13. Se tiene cuidado con la basura tóxica, como baterías, insecticidas, etc.; se siguen los reglamentos oficiales.

Ej. B:

1. Según el anuncio, se buscan reporteros bilingües.
2. Las dos lenguas que se van a usar en el trabajo son el español y el inglés.
3. No, no se requiere doctorado. Se requiere título universitario.
4. Se dice «beneficios médicos». Se ofrecen buena remuneración y contrato de trabajo.
5. Se debe hablar al director del diario sobre el trabajo.
6. La oficina se abre a las nueve. Se cierra a las seis.
7. *Answers will vary.*

Ej. C: *Answers will vary.*

p. 278 Questions:

1. Hubo un terremoto en la capital anoche.
2. Cuatro personas murieron.
3. No, las tiendas están cerradas, pero en general las clínicas y las farmacias están abiertas.

pp. 279–280 Práctica:

Ej. A:

1. Trajeron un libro escrito por Rigoberta Menchú.
2. Trajeron unas sandalias hechas en Nicaragua.
3. Trajeron café comprado en El Salvador.
4. Trajeron unas tazas pintadas a mano.
5. Trajeron dos sombreros hechos en Panamá.
6. Trajeron una copia de una escultura antigua descubierta en Honduras.

Ej. B:

1. puesta
2. compradas
3. pintadas
4. traídas
5. escritos
6. muerta
7. cerradas
8. escrita
9. llamada
10. querido
11. cerrada
12. cubierta
13. vestida
14. sentada
15. dormida
16. muerta
17. resuelto
18. abierto
19. cubierto

p. 280 Preguntas:

1. La mesa estaba puesta.
2. Tenían obras de arte pintadas por Picasso.
3. Tenía una carta en la mano derecha y un botón verde en la mano izquierda. Sus manos estaban muy cerradas.
4. Su camisa estaba cubierta de sangre.
5. Estaba vestida de verde.
6. Parecía dormida, pero estaba muerta.
7. El cuchillo estaba cubierto de sangre.
8. La señora Solís fue la asesina.

p. 280 Entrevista: *(Possible answers)*

1. Estoy (inspirado[-a]), (cansado[-a]), (ocupado[-a]), (preocupado[-a]) hoy porque...
2. Sí (No), (no) estoy sentado(-a) cerca de la ventana (de la puerta, del [de la] profesor[a]).
3. Tengo el libro de español abierto (cerrado) ahora.
4. Me informo sobre las noticias (por el periódico). Sí (No), (no) estoy bien informado(-a). Sí (No), en mi casa el televisor (el radio) (no) está prendido por la mañana. Sí (No), (no) escucho las noticias antes de venir a la universidad.

p. 281 Preguntas:

1. Se ve reflejada la esencia de la teología de la liberación. (Se ve a Jesucristo y a los discípulos.) Se hizo en Solentiname, Nicaragua.
2. Ernesto Cardenal es poeta y ex ministro de cultura de Nicaragua.
3. Los sandinistas llegaron al poder en 1979.
4. *Possible answer:* Porque el Vaticano es más conservador que muchos de los curas católicos.
5. En la obra, Jesucristo es un campesino, un «pescador de hombres». *Answers will vary.*

p. 282 Dialogue questions:

1. Ana lee el periódico.
2. Según Ana, los guerrilleros han atacado otra vez, los carteros han hecho una huelga, el presidente ha declarado un estado de alerta y, en fútbol, Alianza ha ganado el campeonato nacional.
3. Sí, Juan está contento porque Alianza ha ganado. Dice «¡Qué buena noticia!».

p. 284 Práctica:

Ej. A:

1. Han muerto tres personas en un incendio.
2. Una guatemalteca ha recibido el Premio Nóbel.
3. Han arrestado a un ex soldado por la muerte de una estudiante.
4. Ha vuelto Julio Iglesias.
5. Han persistido violaciones a los derechos humanos.
6. Nicaragua ha vendido unos helicópteros a Perú.
7. El presidente de Honduras ha pedido la unidad.
8. Japón ha importado 40 mil autos hechos en México.
9. Han cerrado el paso entre el Blvd. Santa Elena y la Calle Santa Tecla.
10. La OEA (Organización de Estados Americanos) ha expresado confianza en el gobierno panameño.

Ejs. B & C: *Answers will vary.*

p. 285 Entrevista: *(Possible answers)*

1. He (ido a la universidad) hoy.
2. Sí (No), (no) he ido a un (ningún) lugar interesante recientemente. Sí (No), (no) había estado allí antes (el año pasado).
3. Sí (No), (no) he perdido (encontrado) algo (nada) importante recientemente. (He perdido/encontrado [el dinero].)
4. Sí (No), (no) he comprado (vendido) algo (nada). (He comprado/vendido [unos libros].)
5. Sí (No), (no) he resuelto un (ningún) problema este mes...
6. *Answers will vary.*

p. 285 ¡Vamos a repasar!

1. Hubo
2. Empezó
3. dormía
4. despertó
5. pudieron
6. murieron
7. estaban
8. escucharon
9. llegaron
10. pudieron
11. se quedaban
12. pasaron
13. llevó
14. empezó

Questions and answers at the end of this exercise will vary.

p. 286 Preguntas:

1. El Canal de Panamá se abrió en 1914.
2. Ferdinand de Lesseps fue el ingeniero francés que empezó el proyecto en 1880.
3. Panamá formaba parte de Colombia antes de 1903.
4. Estados Unidos apoyó una rebelión en esa provincia.
5. Estados Unidos reconoció la soberanía de Panamá sobre el área del canal en 1979.

p. 287 Antes de leer:

1. Sí, según el mapa, es importante la conservación de los bosques tropicales en Costa Rica.
2. Se puede ver montañas, volcanes, playas y una exuberante riqueza natural en un «tour» de un día desde San José.
3. Se puede nadar, tomar sol, subir a montañas y a volcanes, ver plantas y animales tropicales...

p. 290 Después de leer: *(Possible answers)*

1. Falso. La tierra de una región donde hay grandes árboles tropicales es muy pobre porque después de pocos años de utilización ya no es buena ni para la agricultura ni para la ganadería.
2. Falso. La ganadería es muy lucrativa por pocos años en los lugares donde antes había bosques tropicales porque la tierra allí es muy pobre.
3. Verdadero.
4. Falso. Los directores de los megaparques se preocupan por conservar sus bosques tropicales y por estimular la economía al mismo tiempo.
5. Verdadero.

p. 293 Actividad: *Answers will vary.*

p. 293 Para escribir: *Answers will vary.*

Capítulo 12

p. 296 Preguntas:

1. Puebla fue el sitio de la famosa batalla del 5 de mayo de 1862 cuando los mexicanos derrotaron a los invasores franceses.
2. Nuevo León es uno de los centros industriales más importantes de México. Su capital es Monterrey.
3. Se han filmado películas de vaqueros en Durango por sus escenarios naturales de desiertos y montañas.
4. Sí (No), (no) me gustan las películas de vaqueros. (He visto *Río Bravo*.)
5. Los dos centros turísticos más populares del estado de Guerrero son Taxco y Acapulco. Taxco es famoso por sus minas de plata y Acapulco por sus playas tan hermosas.
6. Sí (No), (no) he estado en Acapulco. Me gustaría visitar Taxco para ver los edificios coloniales.

p. 299 Práctica:

1. cumpleaños; pastel
2. los Reyes Magos
3. árbol
4. candelabro
5. pavo
6. la independencia
7. tarjetas
8. dulces
9. flores

p. 299 Entrevista: *(Possible answers)*

1. Las fiestas que se celebran en Estados Unidos y también en México son la Navidad, el Año Nuevo, el Día de la Independencia y el cumpleaños de cada persona.
2. Mi día de fiesta favorito es (la Navidad) porque…
3. Mi cumpleaños es el (22 de diciembre). En general, lo celebro (con una fiesta). Lo celebré (Lo voy a celebrar) este año (con una fiesta también).
4. Sí (No), (no) les envío muchas tarjetas a mis amigos (antes de la Navidad). Sí (No), (no) me las envían también (tampoco) (antes de la Navidad).
5. Recibo regalos (para mi cumpleaños y para la Navidad).
6. Sí (No), mi familia (no) come pavo el Día de Acción de Gracias. Sí (No), mi familia (no) come pavo en Navidad.

p. 301 Dialogue questions:

1. Ramona y Carmen están en Ciudad de México. Es el 15 de diciembre.
2. El instructor quiere que Ramona baile con Carlos. No, Ramona no está de acuerdo porque él y ella no bailan bien juntos.
3. Carmen le pide siempre al instructor que le permita bailar con Carlos, pero él manda que ella practique y trabaje con Luis.
4. Según mi opinión, Luis y Ramona son (novios).
5. Ramona no quiere quejarse porque no quiere que él le hable a Carlos de esto.
6. No, según las dos amigas, el instructor no es una persona buena ni simpática. Es (exigente y severo).
7. Sí (No), (no) conozco a alguien (nadie) como este instructor. (Se llama…)

pp. 303–304 Práctica:

Ej. A:

1. Quiero que Pedro nos invite al teatro.
2. ¿No quieres que tus amigos miren la exposición?
3. Nos piden que vivamos cerca de la universidad.
4. Manda que estudien un poema difícil.
5. Prefieren que recibamos a los músicos.

Ej. B:

1. Quiero que todos nos reunamos aquí a las cinco.
2. No permito que los invitados fumen en la casa.
3. Pido que tú y Marisa preparen (preparéis) el pavo.
4. Mando que los niños pasen la tarde con la abuela.
5. Quiero que los amigos de la oficina compren el vino y la cerveza.
6. Prohíbo que tú escribas algo estúpido en la tarjeta.
7. No quiero que la gente coma la torta antes de comer el pavo.
8. Pido que tú recibas a los invitados.
9. Mando que nadie hable de religión ni de política.
10. Quiero que los Gómez abran sus regalos después de la cena.

Ej. C:

1. Alicia quiere pasar unos días en Acapulco, pero sus padres no quieren que ella viaje allí sola.
2. Susana no quiere bailar con nadie, pero Enrique le pide que (ella) baile con él.
3. Ernesto quiere fumar uno o dos cigarrillos, pero su esposa prohíbe que él fume en la casa.
4. Los niños quieren jugar en el patio, pero su mamá les manda que (ellos) coman el almuerzo antes.
5. La señora Vera no quiere llegar tarde a la fiesta sorpresa, pero su marido le pide que (ella) lo espere unos minutos más.

p. 304 Entrevista: *(Possible answers)*

1. Sí (No), (no) quiero que mis padres me escuchen más (celebren mi cumpleaños, me manden más dinero).
2. Sí (No), mis padres (no) quieren que (yo) les escriba más (que [yo] los visite todas las semanas).
3. Sí (No), (no) les pido a mis amigos que me acompañen al cine (que me ayuden con mis estudios).
4. Les pido a mis amigos que (estudien conmigo). Le pido a mi compañero(-a) de cuarto que (me despierte a las siete).
5. Sí (No), (no) me gustan las fiestas sorpresas. Sí (No), (no) quiero que mis amigos organicen una fiesta sorpresa para celebrar mi próximo cumpleaños. Sí (No), (no) me gustaría organizar una fiesta sorpresa para alguien en particular (nadie) (para mis amigos).

p. 305 Questions:

1. Alicia quiere que su mamá conozca a Guillermo. Es pintor.
2. Quiere que Alicia vaya con él a la exposición de sus cuadros en el Museo Tamayo.

3. Alicia llama a su mamá desde el centro. Guillermo y Alicia buscan allí un regalo para la abuela de Guillermo.
4. Alicia le pide a su mamá que le diga a su papá que Guillermo le gusta mucho.
5. Alicia quiere que su mamá le hable a su papá de Guillermo y de la exposición antes de las ocho.

p. 308 Práctica:

Ej. A:

1. Daniel, quiero que sepas tus lecciones.
2. Daniel, quiero que hagas tus ejercicios.
3. Daniel, no quiero que saques malas notas.
4. Daniel, quiero que vayas a la escuela todos los días.
5. Daniel, no quiero que llegues tarde a tus clases.
6. Daniel, quiero que digas siempre la verdad.
7. Daniel, no quiero que tengas problemas con tu mamá.

Ej. B:

1. Quiero que usted abra la puerta.
2. Quiero que usted cierre la puerta.
3. Quiero que usted saque un libro.
4. Quiero que usted ponga el libro en la mesa.
5. Quiero que usted vaya a la pizarra.

Ej. C: *Answers will vary.*

p. 309 Preguntas: *(Possible answers)*

1. Sí (No), (no) quiero que mis compañeros de clase recuerden mi cumpleaños. Sí (No), (no) prefiero que lo ignoren porque... Sí (No), (no) deseo que lo celebren de alguna (ninguna) manera (con una fiesta).
2. Sí, en general, los profesores quieren que los estudiantes vengan a clase regularmente (que sepan la lección). No, en general, los profesores no quieren que los estudiantes duerman en la clase. Mi profesor(a) quiere que (hablemos mucho en español).
3. Sí (No), los profesores (no) deben prohibir que los estudiantes traigan radios a la clase.
4. Mi profesor(a) quiere que yo (escriba los ejercicios) para mañana.

p. 309 Preguntas: *(Culture box)*

1. El Ballet Folklórico presenta sus funciones regulares en el Palacio de Bellas Artes de la Ciudad de México.
2. Se pueden ver presentaciones del Ballet Folklórico en Estados Unidos porque éste tiene una compañía que viaja periódicamente al extranjero y sus miembros visitan Estados Unidos muy a menudo.
3. La «Danza del venado» es un baile de inspiración indígena. Es parte de un ritual relacionado con la caza y celebrado por los indios yaquis de Sonora.
4. La «Bamba» es de Veracruz. Los bailarines usan los pies para atar un lazo que simboliza una relación amorosa.
5. La asistencia a una función del Ballet Folklórico es inolvidable por la riqueza visual de los bailes, los hermosos trajes y la escenografía estupenda.

p. 310 Dialogue questions:

1. Amparo quiere salir esta noche. Su primera sugerencia es ir al cine.
2. Muestran *Poder absoluto*. No le interesa esa película a Amparo porque Gloria le dijo que era muy mala.
3. El pianista que va a tocar es Horacio Gutiérrez. Va a tocar música de Scarlatti.
4. La mamá les desea que pasen una noche linda. Según ella, deben tener cuidado con el carro.

pp. 311–312 Práctica:

Ej. A:

1. Sí, veamos televisión.
2. No, no durmamos hasta las diez.
3. No, no toquemos el piano.
4. Sí, cenemos después de la función.

Ej. B:

1. Vámonos en tren (auto), pero ¡no se vayan sin mí!
2. Salgamos mañana (el sábado), pero ¡no salgan sin mí!
3. Visitemos primero el Museo de Antropología (la nueva galería de arte), pero ¡no lo (la) visiten sin mí!
4. Asistamos a una ópera (un ballet), pero ¡no asistan sin mí!
5. Vamos de compras aquí (en la capital), pero ¡no vayan de compras sin mí!
6. Volvamos en una semana (dos semanas), pero ¡no vuelvan sin mí!

Ej. C:

1. No, gracias. Que la canten Sonia y Luis.
2. No, gracias. Que vaya Ernesto al desfile con Sonia.
3. No, gracias. Que vean *Evita* mis hermanos.
4. No, gracias. Que salude mamá a las muchachas.
5. No, gracias. Que ponga Anita los adornos en el árbol.

p. 312 Entrevista: *(Possible answers)*

1. Quiero que contestemos estas preguntas (conversemos de algo más interesante). Por ejemplo, conversemos de…
2. Quiero que hagamos una fiesta aquí en la clase la semana próxima (antes de terminar el semestre).
3. Quiero que hagamos muchos ejercicios (hablemos de fiestas y del fin de semana, escuchemos algunas canciones en español).

p. 313 ¡Vamos a repasar!

1. Querida
2. podido
3. estado
4. ocupada
5. Perdóname
6. sepas
7. vengas
8. situada
9. construida
10. financiada
11. llamado
12. gustado
13. variadas
14. preocupes
15. mandes

p. 314 Preguntas:

1. Según Catalina, no le ha escrito a su tía hasta ahora porque ha estado muy ocupada desde que llegó.
2. Catalina está en Taxco cuando escribe esta carta.
3. Esa ciudad es fascinante.
4. La iglesia de Santa Prisca es el monumento de mayor interés allí porque fue construida entre 1751 y 1758, y porque tiene todavía sus retablos dorados que datan de esa época.
5. Catalina le menciona las platerías a su tía porque hay muchas minas cerca de Taxco. Por eso Taxco es un centro de industrialización de la plata.
6. Ella le pide a su tía al final que le mande su itinerario muy pronto porque quiere ir al aeropuerto a esperarla.

p. 315 Antes de leer: *(Possible answers)*

1. It is a religious celebration. The picture depicts a religious scene from the New Testament (the Christmas story).
2. A couple is riding into Bethlehem looking for an inn. The participants represent Mary and Joseph.

p. 316 Después de leer:

1. Sí, los mexicanos celebran muchas fiestas, por ejemplo, fiestas religiosas, políticas, nacionales, regionales y locales.
2. Algunas de las cosas y actividades asociadas con el arte de la fiesta son sus colores, danzas, ceremonias, trajes y fuegos artificiales.
3. Algunas fiestas políticas nacionales son el 21 de marzo (cumpleaños de Benito Juárez), el primero de mayo (Día de los Trabajadores), el 5 de mayo (celebración de la derrota de los invasores franceses por las tropas mexicanas in 1862) y el 16 de septiembre (Día de la Independencia de España).
4. El cinco de mayo los mexicanos celebran la derrota de los invasores franceses por las tropas mexicanas en 1862.
5. La fiesta de las Posadas tiene lugar durante las nueve noches anteriores a la Navidad.
6. Esa fiesta representa el viaje de San José y la Virgen María a Belén en busca de una posada o de un lugar donde puedan pasar la noche.

pp. 319–320 Actividades: *Answers will vary.*

p. 320 Para escribir: *Answers will vary.*

p. 322 Preguntas:

1. A los hispanos les gustan las fiestas porque les gusta reunirse.
2. Les gustan las fiestas con familiares y amigos y las fiestas nacionales, regionales, folklóricas y religiosas.
3. El 12 de diciembre se celebra el Día de la Virgen de Guadalupe en México.
4. Los indios de Guatemala representan la conquista del Nuevo Mundo por los españoles.
5. Sevilla tiene una celebración muy famosa relacionada con la Semana Santa. Los niños se visten de ángeles o de Jesús, y muchos adultos se visten de penitentes. Los pasos son plataformas decoradas con estatuas que representan escenas religiosas. Los hombres de Sevilla, vestidos de penitentes, los llevan.

6. En muchas fiestas hispanas encontramos una mezcla curiosa de cristianismo y religión indígena. Por ejemplo, en algunas partes de Perú y de Bolivia, la gente honra simultáneamente a la Virgen María y a la Pachamama o Madre Tierra.
7. Sí, existe una mezcla de elementos cristianos y no cristianos en algunas de las fiestas que celebramos en Estados Unidos. Por ejemplo, (en el día de la Pascua se celebra la resurrección de Cristo y los niños también reciben huevos decorados que simbolizan la nueva vida que trae la primavera).

Capítulo 13

p. 324 Preguntas:

1. Hay más de un millón de cubano-americanos actualmente en Estados Unidos. La mayoría de ellos vive en el sureste del país.
2. Muchos de los cubanos inmigraron a este país como exiliados políticos del régimen de Fidel Castro.
3. El primer grupo numeroso llegó de Cuba en 1959 y el segundo en 1980.
4. «La pequeña Habana» es un barrio de Miami, Florida.
5. En Miami también viven muchos centroamericanos que vinieron a este país por razones políticas.

p. 328 Preguntas: *(Possible answers)*

1. Usamos la boca para hablar, la cabeza para pensar, la boca y las manos para comer, las piernas y los pies para caminar, las manos y los dedos para escribir, todo el cuerpo para nadar.
2. Sí (No), (no) hago ejercicios físicos. Sí (No), (no) nado (en la piscina). Sí (No), (no) ando en bicicleta (por la mañana). Sí (No), (no) corro (por la tarde).
3. Sí (No), (no) tomo vitaminas todos los días.
4. Tengo más energía por la mañana (el sábado por la noche).

p. 329 Questions:

1. Los catarros se transmiten por el aire y a través del contacto directo de las manos.
2. Porque se puede transmitir los catarros.
3. *Answers will vary.*

pp. 330–331 Práctica:

Ej. A:

1. Me duele el estómago y también me duele la espalda.
2. Me duelen los pies y también me duelen las piernas.
3. Me duelen las manos y también me duelen los brazos.
4. Me duele el cuello y también me duele la boca.
5. Me duele la cabeza y también me duele el cuerpo.

Ej. B:

1. el	12. la
2. —	13. la
3. la	14. los
4. las	15. —
5. las	16. la
6. la	17. los
7. el	18. los
8. el	19. los
9. el	20. —
10. la	21. —
11. La	

1. Josefina tenía dolor de cabeza.
2. El médico le dio píldoras de Anabufenol y otros medicamentos.
3. La doctora Soya le dijo que las frutas y las verduras frescas son muy importantes para la salud, y que el café, el té y el chocolate son malos. Ella le dio Herbavor.
4. Según la maestra de yoga, la tensión es la causa principal de los dolores de cabeza. Ella le recomendó algunos ejercicios a Josefina.
5. Madame Leona le dijo que los zapatos pueden causar toda clase de dolores y que no debe salir los viernes porque su signo es Aries.
6. Josefina tiene un dolor de cabeza terrible después de todos esos consejos.

p. 331 Entrevista: *(Possible answers)*

1. Cuando me despierto por la mañana, abro los ojos fácilmente (con mucha dificultad).
2. Sí (No), (no) me duele a veces la cabeza (el estómago, la garganta). Tomo (dos aspirinas) o (me acuesto) entonces.
3. Me pongo un abrigo (un suéter) cuando hace frío. Me pongo (los pantalones cortos y una camisa) cuando hace calor. Me pongo (un impermeable) cuando llueve.
4. Sí (No), (no) me interesa el arte (la política, la literatura).

p. 331 Preguntas: *(Culture box)*

1. Gloria Estefan es una famosa cantante. Nació en Cuba en 1957.
2. Tenía 18 años cuando se unió al grupo de Emilio Estefan.
3. Se casaron en 1978.
4. El álbum *Mi Tierra* recibió el Grammy Award en 1994 y el álbum *Abriendo puertas* lo recibió en 1995.
5. Con el «Miami Sound Machine» asociamos una música que combina influencias y ritmos cubanos con otros latinoamericanos y también norteamericanos.
6. Sí (No), (no) he escuchado una canción de Gloria Estefan. (He escuchado una canción de Rubén Blades.)

p. 332 Dialogue questions:

1. La doctora quiere que la enfermera le tome la temperatura a la enferma.
2. La enferma se siente muy mal.
3. La doctora quiere que la enferma vaya al hospital ahora mismo.
4. No, la doctora no está segura.
5. (Me acuesto) cuando me siento muy mal.

pp. 334–335 Práctica:

Ej. A:

1. Les pido que corran diez kilómetros todos los días.
2. Deseo que hagan 50 sentadillas diarias.
3. No quiero que lleguen tarde a las prácticas.
4. Les aconsejo que no se acuesten tarde el viernes.
5. Espero que ganen el partido del sábado.
6. Ojalá que pongan atención a mis consejos.

Ejs. B & C: *Answers will vary.*

p. 335 Preguntas:

1. Oscar Hijuelos es un talentoso escritor cubano-americano. Nació en Nueva York en 1951.
2. En 1990 recibió el Premio Pulitzer de literatura por su novela *The Mambo Kings Play Songs of Love*.
3. La novela refleja los dilemas que deben enfrentar los cubanos que inmigran a Estados Unidos. Los personajes principales son dos hermanos músicos que vienen a este país esperando triunfar en el mundo musical neoyorkino de la década de 1950 a 1960.
4. Hay mucha influencia hispana en la cultura popular de Estados Unidos en la década de los años cincuenta con la moda del mambo y el tremendo éxito del cantante y actor cubano Desi Arnaz.
5. Sí (No), (no) he visto *The Mambo Kings*. (He visto *Mi familia*.)

p. 336 Questions:

1. No, no es probable que un fumador viva tantos años como un no fumador.
2. Mueren 50.000 personas por año en Estados Unidos por el humo secundario del tabaco.
3. Sí (No), (no) creo que se debe (deba) prohibir el uso del tabaco en lugares públicos porque…

pp. 337–338 Práctica:

Ej. A:

1. Es cierto que la mayor parte de los hispanos de Miami es de origen cubano.
2. No es cierto que la pequeña Habana sea un barrio pobre.
3. Es verdad que la calle principal del barrio cubano es la Calle 8.
4. Es improbable que haya muchas tiendas con comidas mexicanas por la Calle 8.
5. Es dudoso que Fidel Castro sea muy popular entre los cubano-americanos.

Ej. B:

1. ¿Está bien que fume un cigarrillo?
   No, no es bueno que fumes un cigarrillo.
2. ¿Está bien que corra?
   No, es malo que corras.
3. ¿Está bien que me acueste muy tarde?
   No, no es bueno que te acuestes muy tarde.

4. ¿Está bien que coma muchos chocolates?
   No, no me gusta que comas muchos chocolates.
5. ¿Está bien que tome vino?
   No, es importante que no tomes vino.

Ej. C: *Answers will vary.*

pp. 339–340 ¡Vamos a repasar!

1. canta
2. conocida
3. hecho
4. comprender
5. sepa
6. mencionadas
7. tienen
8. conocidos
9. usen
10. recomienden
11. usan
12. cura
13. exista
14. invocados
15. pueden
16. tengan

p. 341 Antes de leer:

1. José Martí es el héroe de la Independencia de Cuba.
2. Según mi opinión, es muy popular entre los cubano-americanos porque (quieren que Cuba sea libre).

p. 342 ¡Después de leer:

1. José Martí nació en 1853.
2. Fundó el periódico *La patria libre* cuando tenía dieciséis años.
3. Arrestaron al joven Martí por su participación en el movimiento revolucionario de Cuba.
4. El poeta murió en la batalla de Dos Ríos.
5. «Guantanamera» inmortalizó algunos de sus «Versos sencillos».

pp. 344–345 Actividades: *Answers will vary.*

p. 345 Para escribir: *Answers will vary.*

Capítulo 14

p. 348 Preguntas:

1. Dos países andinos que no tienen costas marítimas son Bolivia y Paraguay.
2. La Paz es la capital más alta del mundo. El lago Titicaca es el lago navegable más alto del mundo.
3. La moneda de Bolivia es el boliviano. La moneda de Perú es el nuevo sol.
4. La capital del imperio inca se llama Cuzco.

p. 352 **Práctica:**

Ej. A:

1. e
2. a
3. h
4. f
5. b
6. d
7. g
8. c

Ej. B: *Answers will vary.*

p. 353 **Questions:**

1. La inteligencia humana se desarrollará mucho más por medio de implantaciones cerebrales.
2. Cada persona llevará una computadora de bolsillo que será al mismo tiempo teléfono, llave, televisor, cédula de identidad, libreta de notas y tarjeta de crédito.
3. Los libros van a estar en pequeñas micro-fichas que se podrán leer en computadoras portátiles.
4. La ropa será «reciclable»; se podrá convertir en otros tipos de material después de usarla.
5. *Answers will vary.*

p. 355 **Práctica:**

Ej. A:

1. iremos
2. visitaremos
3. verá
4. irán
5. se sentirán
6. querrán
7. preferirán
8. viajaremos
9. conoceremos
10. haremos
11. podrá
12. me divertiré
13. nos encontraremos
14. llegarán

Ejs. B & C: *Answers will vary.*

p. 355 **Entrevista:** *(Possible answers)*

1. Viviré en (Nueva York) después de terminar mis estudios.
2. Seré…
3. Me casaré en (cinco años).
4. Sí (No), (no) haré muchos viajes en el futuro. Viajaré a (Europa).
5. Iré a (Costa Rica) el verano que viene.
6. … será presidente(-a) en el futuro.
7. (Iré a una fiesta) para divertirme este fin de semana.
8. Saldré (Me quedaré en casa) el domingo.
9. Me acostaré a las (once) esta noche.
10. Me levantaré a las (siete) mañana porque…

p. 356 **Preguntas:**

1. Vargas Llosa estudió en Lima y en Madrid.
2. Su primera novela trata de sus experiencias de adolescente en una escuela militar.

3. En 1990 decidió presentarse a las elecciones presidenciales de Perú.
4. *El pez en el agua* trata de la relación con su padre entre los once y los veinte años y de su experiencia política.
5. *Answers will vary.*

p. 357 Dialogue questions:

1. No, Pablo no recuerda su promesa.
2. No, no le prometió a Marisa que irían al cine.
3. Pablo le prometió que no fumaría más.
4. Según Marisa, Pablo prometió que no fumaría más la semana pasada.
5. No, Pablo fuma exactamente igual que siempre.

pp. 358–359 Práctica:

Ej. A:

1. habría
2. haría
3. estaría
4. llevaría
5. podría
6. debería

Ej. B: *(Possible answers)*

Tendría más dinero.
El trabajo sería más interesante.
Mi esposo ayudaría más en la casa.
Mis hijos ayudarían más en la casa.
Tendría más control sobre mi vida.
Habría menos stress en la casa.
Tendría más tiempo para entretenimientos (leer, jugar, divertirme…).
Tendría una relación diferente.
Los horarios de trabajo serían más flexibles.

Ej. C: *Answers will vary.*

p. 360 Preguntas:

1. Tiahuanaco está en el altiplano de Bolivia.
2. Según una leyenda tiahuanacana, el dios Viracocha emergió de la Isla del Sol en el lago Titicaca. Trajo luz a la tierra.
3. Según una leyenda inca, los «hijos del sol» también emergieron del lago Titicaca. Fundaron el imperio inca en Cuzco.
4. El quipu era un sistema de registro con cuerdas de diferentes longitudes y colores y con nudos que representaban unidades en una base decimal. Significa «nudo» en quechua. Se usaba para registrar el número de hombres, mujeres, niños, llamas, etc., en cada pueblo del imperio. También se usaba para registrar eventos históricos.

p. 361 Questions:

1. La secretaria está bajando un archivo. La contadora está calculando las tasas de cambio del boliviano. El ingeniero está programando una nueva computadora.
2. El jefe está durmiendo.

pp. 362–363 Práctica:

Ej. A:

1. Mamá está haciendo unas compras por computadora.
2. Papá está imprimiendo unos documentos.
3. Miguelito está jugando con un videojuego.
4. Sara está leyendo las tasas de cambio.
5. Mis tíos Alberto y Susan están viajando por España.
6. Aquí está haciendo mucho frío hoy.
7. ¿Está nevando mucho allí en estos días?

Ej. B: *(Possible answers)*

1. Los músicos estaban cantando.
2. La secretaria estaba hablando por teléfono.
3. Los abuelos estaban comiendo.
4. La vendedora le estaba mostrando algunos vestidos a la señora.
5. El policía estaba durmiendo.
6. La médica (doctora) estaba examinando a un enfermo.
7. El ama de casa estaba preparando la comida para su hijo(-a).
8. La jardinera (señora) estaba trabajando en el (su) jardín.

p. 363 ¡Vamos a repasar! *Answers will vary*

p. 365 Antes de leer:

1. *See example.*
2. f
3. a
4. c
5. e
6. b

p. 366 Después de leer: *Answers will vary*

pp. 369–370 Actividades:

Ej. A: *(Possible answers)*

1. ¿Me hace el favor de cantar...?
2. ¿Quisiera usted más café?
3. ¿Me podría abrir la ventana, por favor?
4. ¿Me puede decir la hora?
5. ¿Me podría ayudar, por favor?
6. ¿Me hace el favor de darme más café?

Ej. B: *Answers will vary.*

Ej. C:

1. vivirá, trabajará, tendrán
2. Existirán, será, habrá, podrá
3. hará, será, trabajará
4. vivirá, habrá, se casará, será
5. existirá, habrá
6. inventarán
7. Aumentará, tendrá
8. Habrá, estará
9. se quedarán
10. irán, serán, serán
11. asistirá
12. sarán, serán

p. 371 Para escribir: *Answers will vary.*

Capítulo 15

p. 374 Preguntas:

1. Paraguay significa «agua que viene del mar». Uruguay significa «agua que pertenece al jefe».
2. La represa hidroeléctrica de Itapú es la más grande del mundo. Está situada entre Paraguay y Brasil.
3. Las Cataratas de Iguazú son las más anchas del mundo.
4. Uruguay es el país de habla hispana más pequeño de América del Sur. Uruguay y Paraguay son los mayores productores de tanino de la región.
5. El Mercosur es el Mercado Común de América del Sur. Los cuatro países que forman parte de esa alianza económica internacional son Argentina, Brasil, Paraguay y Uruguay.

p. 397 Práctica:

1. triste
2. alegre
3. avergonzado
4. deprimido
5. enojado
6. asustado
7. desilusionado
8. furioso

p. 397 Preguntas: *(Possible answers)*

1. La persona que tiene un mes de vacaciones está (contenta). La persona que dice o hace algo malo en público está (avergonzada). La persona que descubre que su mejor amigo va a mudarse a otra ciudad está (muy triste). La persona que pierde su pasaporte y su dinero está (enojada).
2. La persona que ve una película trágica llora. La persona que escucha un chiste se ríe.
3. Está asustada.
4. Me siento alegre cuando gano en un deporte o juego.
5. Cuando esperamos a una persona por mucho tiempo, nos ponemos (furiosos).
6. Lloro cuando (veo una película muy triste).
7. Me da vergüenza cuando (olvido el nombre de alguien). (Mis malas notas) me dan vergüenza.
8. Sí (No), (no) hay cosas que me asustan. (Las películas de terror) me asustan.

p. 379 Questions:

1. No, el ingeniero Méndez Mazó no puede ir en tren a Encarnación esta semana porque hay sólo un tren por semana y éste salió ayer.
2. Sí, es posible viajar en ómnibus a Encarnación con la compañía La Encarnacena.
3. Tiene servicios a Buenos Aires todos los días. Todos salen de Asunción a las nueve de la mañana.
4. Tiene dos tipos de servicios. El servicio diferencial es más rápido. El servicio común es más económico.
5. No, no puede viajar hoy a Encarnación con La Encarnacena porque todos salen a las nueve de la mañana y ahora son las nueve y media.
6. No, no sabemos si él podrá viajar mañana porque su secretaria se olvidó de preguntar si todavía tienen lugar para el viaje de mañana.

pp. 380–381 Práctica:

Ej. A:

1. Daniel lo va a comprar. (*or*) Daniel va a comprarlo.
2. Mi hermana piensa buscarla.
3. Ernesto y Mario prometieron traerlos.
4. Rogelio tiene ganas de hacerlo.
5. Los muchachos prometieron prepararla.
6. Tú y yo podemos tocarla y cantar.

Ej. B:

1. Sí, mis padres acaban de terminarlo.
2. Sí, acabo de lavarlo.
3. Sí, Lucía acaba de hablarnos.
4. Sí, acabo de recibirla.
5. Sí, mis hermanos acaban de leerlos.

Ej. C:

1. No doblar a la izquierda.
2. No nadar (en el lago).
3. No comer (aquí).
4. No fumar.
5. No andar en bicicleta (aquí).

p. 381 Entrevista: *(Possible answers)*

1. (Cené) al llegar a mi casa anoche. (Tomé una taza de café) al levantarme esta mañana.
2. Me sentí (feliz) al terminar mis estudios secundarios. Me sentí (feliz) al recibir la nota de mi primer examen de español.
3. Cuando viajo, prefiero viajar de día (noche). Sí (No), (no) tengo miedo de viajar en avión porque...

p. 382 Dialogue questions:

1. El señor Gómez busca un empleo que le guste.
2. Es profesor.
3. Puede enseñar historia, literatura o cualquier otro curso. El señor Méndez dice «¡Cuánto me alegro!» cuando escucha que el profesor Gómez puede enseñar tantos cursos.
4. No, aparentemente no sabe quién mató a Julio César.
5. Según el señor Gómez, hay que preguntarle a alguien que sea detective.
6. Sí, Julio César fue un emperador romano muy importante. Bruto fue el hombre que mató a Julio César.

pp. 384–385 Práctica:

Ej. A:

1. Buscamos a alguien que sepa hablar bien el guaraní.
2. Buscamos a alguien que sea experto(-a) en culturas indígenas.
3. Buscamos a alguien que tenga mucha experiencia.
4. Buscamos a alguien que nunca se enoje con nadie.
5. Buscamos a alguien que pueda trabajar muchas horas por día.
6. Buscamos a alguien que se lleve bien con los estudiantes.
7. Buscamos a alguien que no sea una persona racista.

Ej. B:

1. es; sea
2. esté; está
3. hay; haya
4. habla; hable
5. enseñan; enseñen

Ej. C: *Answers will vary.*

p. 385 Entrevista: *(Possible answers)*

1. Sí (No), (no) tengo amigos que viven (vivan) cerca de mi casa. Prefiero que mis amigos vivan cerca (lejos) de mi casa.
2. Sí (No), (no) soy amigo(-a) de alguien (nadie) que es (sea) muy interesante. Sí (No), (no) soy amigo(-a) de alguien (nadie) que tiene (tenga) muchos problemas. Sí (No), (no) soy amigo(-a) de alguien (nadie) que siempre está (esté) contento.
3. Sí (No), (no) conozco a alguien (nadie) que tiene (tenga) más de cien años. Sí (No), (no) conozco a alguien (nadie) que escribe (escriba) poemas o cuentos. Sí (No), (no) conozco a alguien (nadie) que viaja (viaje) mucho.
4. Sí (No), (no) prefiero ver películas que me den risa (me hagan llorar, me hagan pensar).
5. Sí (No), (no) sé que (si) hay alguien en esta clase que sabe (sepa) hablar árabe (japonés).
6. Sí (No), (no) conozco a alguien (nadie) que puede (puda) tocar la guitarra (cantar).

p. 386 Preguntas:

1. Punta del Este es una península que está rodeada por las aguas del Río de la Plata por un lado y por el océano Atlántico por el otro.
2. Punta del Este tiene playas de gran belleza natural, lugares especiales para hacer *windsurf* o buceo, practicar polo o *golf,* visitar *clubs* nocturnos, comer en restaurantes de gran calidad y bailar. Se puede visitar exposiciones de arte y de artesanías, asistir a espectáculos teatrales, recitales y conciertos sinfónicos, y salir a alta mar en yates para pescar o descansar.
3. El Arboretum Lussich es la séptima reserva forestal del mundo y tiene 193 hectáreas con más de 300 especies forestales.
4. La Isla de Lobos está a unos diez kilómetros del puerto. Allí se puede ver lobos marinos, gaviotas y teros.
5. Casapueblo es un pueblo en miniatura que es una obra de arte del escultor uruguayo Carlos Páez Vilaró.

p. 387 Dialogue questions:

1. Jane le dice «Discúlpeme» a doña Ramona. Se siente muy avergonzada porque cree que rompió un reloj.
2. Está un poco deprimida por el viaje (porque tiene que despedirse de doña Ramona).
3. Quiere aprender algunas palabras en guaraní antes de volver a su país.
4. Las despedidas siempre le causan tristeza a Jane.
5. Quiere decirle «yo te quiero» en guaraní cuando lo vea.
6. Se dice «she ro jaijú».

pp. 389–390 Práctica:

Ej. A: *(Possible answers)*

1. Quieren irse antes de que (Rosita llegue).
2. Pensamos llegar a las siete a menos que (llueva).
3. ¿Por qué no vamos al cine antes de que (Ricardo vuelva)?
4. Ellos van a clase a menos que (el profesor esté enfermo).
5. ¿Piensan hacerlo sin que ella (lo sepa)?
6. El profesor habla claramente para que nosotros lo (entendamos).

Ej. B:

1. Su papá se puso furioso cuando Inés se fue de la casa.
2. Ella no le habló más a su papá hasta que él se calmó.
3. Inés se va a alegrar cuando su padre la perdone.
4. Inés le escribió una carta tan pronto como su padre la llamó.
5. Su mamá se puso muy contenta después que Inés le dio la noticia.
6. Inés quiere mucho a su novio aunque él es mucho mayor que ella.

Ej. C: *Answers will vary.*

p. 390 Entrevista: *(Possible answers)*

1. Pienso ir (al laboratorio de lenguas) cuando termine esta clase. Pienso ir a (las montañas) cuando lleguen las vacaciones. Pienso ir a (Seattle) cuando complete mis estudios universitarios.
2. Quiero (hacer un viaje a Chile) cuando sepa hablar bien el español. Quiero (comprar una casa) antes de que termine esta década.
3. Sí (No), (no) asisto a clase aunque (cuando) llueva (llueve). Sí (No), (no) asisto a clase aunque (cuando) esté (estoy) muy cansado(-a).
4. Sí, puedo estudiar sin tomar café. (No, no puedo estudiar a menos que tome café.) Sí, puedo estudiar cuando no estoy solo(-a). (No, no puedo estudiar a menos que esté solo[-a].)
5. Creo que un(a) estudiante debe (estudiar más) para que le sea más fácil aprender español.

p. 391 ¡Vamos a repasar! *Answers will vary.*

p. 392 Antes de leer:

1. Los instrumentos típicos de un conjunto paraguayo son la guitarra y el arpa.
2. Ñe-ëngatú estará auspiciando este evento musical. Es una revista internacional.
3. La canción cuenta una leyenda sobre un indiecito guaraní. Será una historia ficticia porque es una leyenda.

p. 394 Después de leer: *(Possible answers)*

1. Improbable. Jane dice que regresa a San Francisco. Es norteamericana probablemente.
2. Probable.
3. Probable.
4. Improbable. Doña Ramona es de Paraguay (amiga de Jane).
5. Probable.
6. Improbable. Teddy le pide algunas canciones paraguayas a Jane.

7. Improbable. El gobierno de Stroessner duró casi 35 años porque fue una dictadura.
8. Probable.

p. 395 Preguntas: *(Possible answers)*

1. En su última carta, Teddy le preguntó a Jane si ya había aprendido algunas palabras en guaraní. Ella le respondió «¡Por supuesto!» (y entonces ella le dijo «Yo te quiero» en guaraní).
2. Se habla guaraní más en Paraguay. Jane dice que el 95% de los paraguayos habla guaraní mientras que sólo el 60% habla español.
3. Según la carta de Jane, las «canciones de protesta» tienen contenido social o testimonial. Sí (No), (no) he escuchado alguna vez (nunca) a alguno (ninguno) de los cantantes mencionados en la carta. (He escuchado a...)
4. No, según Luis, no hay muchas canciones de protesta en Paraguay a causa de la dictadura del general Alfredo Stroessner.
5. Alfredo Stroessner fue dictador de Paraguay durante casi 35 años, de 1955 a 1989. No, ya no está (más) en el gobierno de Paraguay.
6. No, no es una canción de protesta. Es una canción típicamente paraguaya, inspirada en una leyenda guaraní.
7. Según la leyenda que inspiró la canción, el indiecito guaraní se murió cuando se cayó de un árbol. Después, mientras su madre lo tenía en brazos, el cuerpo del indiecito se transformó mágicamente en un pájaro y empezó a volar hacia el cielo.
8. Sí (No), (no) conozco una (ninguna) leyenda similar a la del pájaro chogüí. (Es...)

pp. 396–397 Actividades:

Ej. A: *(Possible answers)*

1. ¡Qué alivio!
2. ¡Qué increíble!
3. Lo siento mucho.
4. ¡Qué barbaridad!
5. ¡Qué sorpresa!
6. Siento mucho que...
7. ¡Qué lindo!
8. ¡Qué sorpresa!
9. ¡Esto es demasiado!
10. No hay pena.

Ej. B: *Answers will vary.*

Ej. C: *(Possible answers)*

1. Where there is love, there is pain.
2. Neither he who loves nor he who commands wants conmpany.
3. New loves forget old ones.
4. Neither to go to war nor to get married should be advised.
5. Where there is jealousy, there is love.
6. He who loves you well will make you cry.

p. 397 Entrevista: *(Possible answers)*

1. (La circulación, la inflación...) me dan rabia. Sí (No), (no) me he enojado recientemente porque... La última vez que me enojé fue...
2. Una de las sorpresas más lindas que he recibido últimamente fue...
3. Sí (No), según mi opinión, la mujer norteamericana (no) está «liberada». Sí (No), (no) creo que las mujeres de este país tienen (tengan) los mismos derechos que los hombres, tanto en el trabajo como en la casa.

4. Sí (No), (no) existe la «norteamericana típica»…
5. Sí (No), (no) creo que es (sea) mejor que una mujer con hijos se quede en su casa en vez de trabajar fuera de casa porque…
6. Sí (No), (no) pienso que las mujeres casadas son (sean) más felices que las solteras porque… Sí (No), (no) pienso que los hombres casados son (sean) más felices que los solteros porque…

p. 397 Para escribir: *Answers will vary.*

p. 400 Preguntas: *Answers will vary.*

Capítulo 16

p. 402 Preguntas:

1. Se llama Caracas.
2. La moneda del país es el bolívar.
3. «Venezuela» significa «pequeña Venecia»; lleva ese nombre por la similitud que vio Américo Vespucci entre las chozas en el lago Maracaibo y las casas flotantes de Venecia.
4. El salto más alto del mundo es el Salto Ángel. Está en Canaima, al sur de Venezuela.

p. 405 Práctica:

1. Verdadero.
2. Falso. En Venezuela, para comprar tapices y alfarería, vamos al mercado.
3. Falso. Si necesitamos carne, vamos al almacén.
4. Verdadero.
5. Verdadero.

p. 405 Preguntas: *(Possible answers)*

1. Cuando necesito ropa, me gusta ir a… Compro mi ropa en…
2. Cuando voy de compras, busco ofertas (compro lo primero que me gusta).
3. Sí (No), (no) ahorro dinero todos los meses.
4. Gasto más dinero en…
5. Voy (a la panadería) para comprar pan.
6. Si necesito medicina, voy a la farmacia.
7. Este libro vale (cincuenta) dólares. Un buen vestido vale (cien) dólares. Un kilo de bananas vale (un dólar).
8. Cuando tengo más dinero del que necesito, yo (voy a un concierto).

p. 407 Dialogue questions:

1. Ana le pidió a su madre que fuera de compras con ella.
2. Ana quería zapatos nuevos para su entrevista en el centro mañana.

3. No, no compró los zapatos que estaban en oferta porque no le gustaron.
4. Marta y su hija fueron al Ateneo. Vieron una obra de García Lorca allí.
5. Marta pensó eso porque ella sabía que a él no le gustaba el teatro.
6. Van a cenar en un restaurante. Marta va a pagar la cuenta.

p. 409 Práctica:

Ej. A: *(Possible answers)*

1. Le dijeron que no fumara dos paquetes de cigarrillos por día.
2. No les gustaba que viera televisión todas las noches.
3. Le prohibían que sólo comiera sándwiches y papas fritas.
4. Querían que no tomara mucho café.
5. Le pidieron que no se acostara a las tres de la mañana.
6. Querían que saliera más.
7. Le pidieron que estudiara más este semestre.

Ej. B:

1. Antes yo tampoco podía pagar buenos sueldos hasta que mejoró la situación económica.
2. Antes yo también siempre tenía platos especiales en oferta para que los clientes estuvieran contentos.
3. Antes yo también tenía miedo de que los precios fueran muy altos.
4. Antes tampoco había nadie que supiera apreciar la buena comida.
5. Antes tampoco la ley permitía que tuviéramos bebidas alcohólicas.

p. 410 Entrevista: *Answers will vary.*

p. 411 Dialogue questions:

1. El poncho cuesta quinientos bolívares.
2. Doña Carla cree que el poncho es muy caro.
3. No, si tuviera quinientos bolívares, no lo compraría.
4. No, si la vendedora le vendiera el poncho por cuatrocientos ochenta bolívares, no lo compraría.
5. El poncho era rojo.
6. Según la vendedora, esos ponchos cuestan el doble en el centro. No, en general no es posible regatear en las tiendas del centro porque allí los ponchos (las cosas) tienen precios fijos.
7. Sí, doña Carla compraría el poncho si la vendedora se lo diera por cuatrocientos veinte bolívares.

pp. 412–413 Práctica:

Ej. A:

1. Si lloviera, iríamos de compras.
2. Si tuviera dinero, compraría un vestido nuevo.
3. Si Carmen y su hermano tuvieran tiempo, nos acompañarían.
4. Si tuviéramos hambre, comeríamos en un restaurante.
5. Si viera a Pedro y a Marisa, los invitaría a almorzar con nosotros.

Ej. B: *Answers will vary.*

Ej. C: *(Possible answers)*

1. Si fuera rico(-a), ayudaría a los pobres (viajaría por todo el mundo).
2. Si estuviera de vacaciones, me levantaría tarde todos los días (esquiaría en las montañas).
3. Si recibiera malas notas, estudiaría más (les pediría ayuda a mis profesores).
4. Si mi novio(-a) se enamorara de mi mejor amiga(-o), lloraría mucho (buscaría otro[-a] novio[-a]).
5. Si pudiera viajar al pasado o al futuro, visitaría otra vez esta universidad en el año 2020 (viajaría a 1492 para estar con Colón durante su primer viaje a América).

p. 413 Entrevista: *Answers will vary.*

p. 414 Preguntas:

1. En la región andina de Venezuela, se puede comprar *ruanas* (ponchos de lana), sombreros, cestas y grandes jarras de cerámica. En los llanos hay monturas de caballo, lazos e instrumentos musicales, como arpas y cuatros. En la región noreste, se puede comprar redes, hamacas y algunos instrumentos musicales.
2. Un cuatro es una pequeña guitarra. Las tradiciones musicales de Venezuela vienen de África, de Europa y de la gente indígena.

p. 417 Práctica:

Ej. A:

1. por
2. para
3. por
4. Por
5. para
6. para
7. por
8. para
9. por
10. por
11. para
12. para
13. para
14. para
15. para
16. por
17. por
18. para
19. por
20. por

Ej. B: *(Possible answers)*

1. (El niño) va a la tienda por leche.
2. El auto va ochenta kilómetros por hora.
3. (La chica) canta para sus amigos.
4. (Juan) estudia por la noche.
5. (El señor Gutiérrez) debe decidir si quiere a Zapata o a García para presidente.
6. (Mi hermano) ve ese programa por televisión todos los días.
7. (Lelia y Miguel) van al baile a bailar.

p. 418 ¡Vamos a repasar! *Answers will vary.*

p. 419 Antes de leer: *Answers will vary.*

p. 421 Después de leer:

1. La pareja venezolana viajó a Caracas. Hicieron el viaje principalmente para que los muchachos vieran los sitios importantes de Caracas.
2. En el Parque del Este, vieron novios que se besaban en público, como si estuvieran solos en el mundo.
3. Los padres querían volver porque no querían que los muchachos empezaran a imitar las malas costumbres que vieron en Caracas.
4. A los jóvenes la ciudad les pareció fabulosa. Les gustó hacer compras allí porque todo es muy barato y de buena calidad; también comentaron que allí «se venden miles de cosas».
5. Conocieron a un grupo de chicos en la playa.
6. No aceptaron la invitación que les hicieron porque su madre les prohibió que la aceptaran.
7. El hijo se sentiría muy feliz si pudiera vivir en Caracas.
8. Sí (No), (no) hay muchas diferencias de opinión entre nosotros. Sí (No), (no) me gustaría viajar con ellos porque…

pp. 424–425 Actividades:

Ej. A: *(Possible answers)*

1. Es demasiado pequeño.
2. ¡Esto es insoportable!
3. ¡Esto es fabuloso!
4. Me gustaría comprar este traje, pero me queda grande.
5. ¡Esto es buenísimo!

Ej. B: *Answers will vary.*

p. 425 Para escribir: *Answers will vary.*

Capítulo suplementario

p. 428 Preguntas:

1. Ecuador se llama así porque la línea del ecuador cruza el norte del país.
2. Ecuador produce bananas y cacao en gran cantidad.
3. El sombrero «jipi japa» o *Panama hat* es realmente de Ecuador.
4. Ecuador tiene más de 30 volcanes activos. Chimborazo es el pico más alto de Ecuador y Cotopaxi es uno de los volcanes activos más altos del mundo.

p. 431 Preguntas: *(Possible answers)*

1. Se llama el amanecer. Sí, el sol salió a las (seis y media) esta mañana.
2. Las estrellas salen de noche, con la luna.

3. Los pájaros viven en los árboles y cantan. Los peces viven en el agua. El pez vive, pero se come el pescado.
4. Sí (No), (no) llueve (nieva) mucho. Sí (No), (no) hay nubes (niebla). Me gusta(n) (la nieve y el frío) en el invierno, (las flores) en la primavera, (las playas) en el verano y (los árboles) en el otoño.

p. 431 Questions: *(Possible answers)*

1. Mafalda le dice eso a su amigo porque su amigo creyó lo que dijo el aviso por televisión.
2. El otro niño dice «¡Lo único que nos falta ahora es que el sol sea una baratija!»

p. 432 Dialogue questions:

1. No, no le gusta ir de campamento. Según él, lo malo de ir de campamento es que hay que dormir afuera...
2. Según Consuelo, lo bueno de ir de campamento es poder ver las estrellas que salen al anochecer, oír los pájaros que cantan por la mañana...
3. Estar sin su VCR es lo que Pepe llama «vivir sin comodidades».
4. Prefiero pasar la noche en casa de amigos o en algún hotel (Me gusta ir de campamento) porque...

p. 433 Práctica:

Ej. A: *Answers will vary.*

Ej. B: *(Possible answers)*

1. ¿Te gusta lo que pasa en el mundo?
   Sí (No), (no) me gusta lo que pasa en el mundo.
2. ¿Te gusta lo que ves en la televisión?
   Sí (No), (no) me gusta lo que veo en la televisión.
3. ¿Te gusta lo que me compró mi novio(-a)?
   Sí (No), (no) me gusta lo que te compró tu novio(-a).
4. ¿Te gusta lo que se sirve en la cafetería?
   Sí (No), (no) me gusta lo que se sirve en la cafetería.
5. ¿Te gusta lo que lees en el periódico?
   Sí (No), (no) me gusta lo que leo en el periódico.
6. ¿Te gusta lo que dicen los expertos en ecología?
   Sí (No), (no) me gusta lo que dicen los expertos en ecología.

p. 434 Entrevista: *(Possible answers)*

1. Lo más interesante de la vida universitaria es (mi clase de español). Lo más aburrido es (mi clase de...). Lo más divertido es...
2. Lo mejor/Lo peor de mi vida es...
3. Lo que más me gusta de mi familia/de mi casa es...
4. Lo interesante de esta ciudad/de la ciudad donde vivo es...
5. Lo mejor/Lo peor de la ciudad es...
6. Lo mejor/Lo peor de la vida en el campo es...

p. 434 Preguntas:

1. Hoy día se encuentran paneles solares sobre algunas chozas indígenas de las selvas amazónicas de Ecuador.
2. Los indios de esa región usan los paneles solares para iluminar sus casas.
3. El método tradicional de obtener energía eléctrica es con represas que inundan y destruyen extensas áreas de selva. Sí (No), (no) conozco otras maneras de producir energía eléctrica. (Se puede producir energía eléctrica en las instalaciones nucleares.)
4. Cuando se hace ecoturismo en Ecuador se puede ver una inmensa variedad de pájaros de muchos colores, árboles altísimos, una gran cantidad de flores, plantas y animales diversos. Llama la atención ver las humildes chozas de los indios con paneles solares. Esto demuestra cómo la preocupación por conservar los ecosistemas selváticos se ha traducido en una selección más sabia y útil de las modalidades de la tecnología moderna.

p. 435 Dialogue questions:

1. Sí, la llave es suya.
2. El pasaporte es de Enrique. No, la maleta perdida es de Óscar.
3. La maleta de Óscar (La suya) era azul.
4. Las maletas negras eran de esos turistas venezolanos.
5. Un hombre con barba se la llevó.
6. Sí (No), (no) creo que Óscar va a recuperar (recupere) su maleta porque...

pp. 436–437 Práctica:

Ej. A:

1. Miguel y Jorge fueron con unos compañeros suyos.
2. Susana fue con una hermana suya.
3. Tú fuiste con unos primos tuyos.
4. Ustedes fueron con unas tías suyas.
5. Nosotros fuimos con un vecino nuestro.
6. La profesora de ecología fue con unos estudiantes suyos.

Ej. B:

1. Las mías son muy interesantes también.
2. El mío es peruano también.
3. Las mías son nadar y bailar también.
4. Pago muy poco por el mío también.
5. Los míos son muy buenos también.

Ej. C:

1. ¿Es tuya esta falda?
   Sí, es mía.
2. ¿Son de Irene estas sandalias?
   Sí, son suyas.
3. ¿Es de Luisito esta camisa?
   Sí, es suya.
4. ¿Es de Luis este poncho?
   Sí, es suyo.
5. ¿Son suyos estos cuadros?
   Sí, son nuestros.

p. 438 Práctica:

1. Verdadero.
2. Falso. Antonio José de Sucre fue el héroe nacional del Ecuador.

3. Falso. La Universidad Central tiene muchos edificios modernos.
4. Verdadero.
5. Falso. Eugenia volverá a Seattle en unos diez días más.

pp. 440–441 Práctica:

Ej. A:

1. b
2. b
3. a
4. b
5. a

Ej. B:

1. a
2. b
3. a
4. c
5. a

Ej. C:

1. b
2. b
3. a
4. a
5. b
6. a

p. 441 ¡Vamos a repasar!

1. la
2. el
3. el
4. los
5. unas
6. el
7. el
8. —
9. el
10. —
11. una
12. la
13. los
14. un
15. las

p. 443 Antes de leer:

1. En la foto hay una plaza con árboles y grandes edificios coloniales.
2. Según mi opinión, llaman a Quito «la ciudad de la eterna primavera» porque tiene mucha vegetación: plantas, árboles y palmeras. Probablemente siempre hace buen tiempo allí.

p. 445 Después de leer:

1. b
2. b
3. a
4. b
5. b
6. a

p. 446 Para escribir: *Answers will vary.*

SCRIPTS FOR THE *PARA ESCUCHAR* LISTENING SECTIONS OF THE TEXTBOOK

Capítulo uno

¿Usted o tú? Listen to the segments of conversations on your tape and then match and write the number of each conversation next to the appropriate illustration. Determine whether the speakers are addressing each other in a formal or informal manner and circle **usted** for formal or **tú** for informal.

1. —Buenas tardes, señor Castro. ¿Cómo está usted? ¿Y cómo está la familia?
   —Nosotros estamos bien, gracias. Y usted, ¿cómo está, señorita?
2. —Hola, Roberto. ¿Qué tal?
   —Bien. ¿Y tú, Elena?
3. —¿Cómo está usted, doña Carmen?
   —Bien, gracias, Raúl. ¿Y usted?
4. —Hola, Julio. Habla Jorge.
   —Hola, Jorge. ¿Estás en Madrid? ¿No viajas a Italia hoy?
   —No, viajo a Roma mañana.

Capítulo dos

Dos presentaciones. Jenny, a student from the United States, is planning to spend the summer in Buenos Aires with the Gambarinis. Jenny and the Gambarinis' daughter, Beatriz, have sent each other cassettes describing themselves. First, listen to what each girl says, then choose the correct ending for each sentence in your textbook.

Beatriz

¡Hola, Jenny! Me llamo Beatriz Gambarini Raggio y soy tu futura «hermana» argentina. Vivo con mis padres en Buenos Aires y estudio inglés en un instituto cultural de estudios ingleses. En casa hablamos español y también italiano porque mis padres son de origen italiano. En realidad, ellos son de aquí, de Buenos Aires, pero mis cuatro abuelos son de Italia. Creo que deseas una descripción de tu futura hermana argentina, ¿no? ¿Cómo soy yo? ¡Qué pregunta difícil! Pues, soy alta y practico muchos deportes. Papá y mamá creen que soy inteligente. Y mis amigos, que son muy buenos amigos, también creen que soy sensible, bonita ¡y muy simpática! Y tú, Jenny, ¿cómo eres... y cuándo llegas a Buenos Aires? ¡Chau, «hermana» yanqui!

Jenny

¡Mucho gusto, Beatriz! Soy Jenny Blais y estudio español y ciencias políticas en la Universidad de Massachusetts, en Boston. También estoy en el programa de estudios latinoamericanos. Mi familia vive en Manchester, New Hampshire. En casa hablamos francés porque mis padres son de origen francés: Mamá es de París y papá es de Montreal. Viajo mucho a Francia y a Canadá para visitar a mis abuelos y tíos. Tú preguntas cómo soy yo. Bueno, creo que soy una persona realista y muy práctica. Mis padres y amigos también creen que soy bonita, elegante, inteligente y sociable. Mi profesora de español siempre comenta que soy una estudiante muy trabajadora y que escribo muy bien el español. ¿Y cuál es tu opinión, Beatriz...? ¿Crees que mi pronunciación es buena, mediocre o mala? Bueno, ahora debo contestar tu pregunta: llego a Buenos Aires el sábado 15, ¡en tres semanas! Entonces, «chau» y ¡hasta pronto, Beatriz!

Capítulo tres

En la librería. Teresa is shopping in Mexico City for presents to bring home to the United States. She notices some attractive calendars in a bookstore window and goes in to inquire about the prices. Listen to the conversation. What does Teresa buy?

—Señorita, ¿necesita ayuda?
—Sí, gracias. Busco regalos para mis amigos de Estados Unidos. Creo que usted tiene calendarios muy lindos.
—Sí, señorita. Tenemos varios.
—¿Cuánto cuesta el calendario con fotos del Museo de Antropología?
—¿Desea el precio en dólares o en pesos mexicanos…?
—En dólares, por favor.
—Pues, para sus amigos, ¡un precio especial!: 31 dólares con 50 centavos.
—¿Y cuál es el precio del calendario con fotos de las pirámides de Teotihuacán?
—Para usted, un poco menos, señorita: 30 dólares con 60 centavos.
—¿Y cuánto cuesta el otro que tiene la foto grande del calendario azteca?
—¡Ah! ¡Mi calendario favorito…! Para sus amigos, sólo 25 dólares con 50 centavos cada uno…
—¡Gracias! Entonces llevo tres de sus calendarios favoritos. ¿Cuánto es el total…?
—Bueno, el total es 76 dólares con 50 centavos… Pero para usted…, ¡los tres calendarios por 75 dólares!

Capítulo cuatro

A. Situaciones. Listen to the three conversations, which involve small talk between strangers. Match the numbers (1, 2, and 3) with the pictures. Write the number of the conversation in the box to the left of the appropriate picture.

CONVERSACIÓN 1
A: ¿Usted va a Valparaíso o a Viña del Mar?
B: A Valparaíso. Voy a visitar a la familia.
A: ¿A qué hora llegamos?
B: A las cinco, creo.

CONVERSACIÓN 2
A: ¿Tú también estudias biología?
B: Sí, estoy en la clase del profesor Ortega.
A: ¿Qué tal la clase?
B: Más o menos.

CONVERSACIÓN 3
A: ¡Qué calor!, ¿verdad?
B: Sí, hace mucho sol.
A: Vamos a tener un verano caluroso, ¿no crees?
B: Posiblemente. ¿Tú estudias aquí en la universidad?

B. La respuesta apropiada. You will hear the first line of each conversation again. Choose an appropriate response.

1. ¿Usted va a Valparaíso o a Viña del Mar?
2. ¿Tú también estudias biología?
3. ¡Qué calor!, ¿verdad?

C. El tiempo. Listen to the weather report. Match the type of weather to the city or place.

Buenos días, señores y senoras. Son las ocho de la mañana. Hoy el tiempo para Viña del Mar: sol y calor, con una temperatura máxima de 30 grados. En la capital, nublado, con una máxima de 25 grados. En Punta Arenas, lluvia, con una máxima de 11 grados. En la Isla de Pascua, niebla local.

Capítulo cinco

A. Situaciones. Look at ads **a, b,** and **c.** Then listen to the three conversations, which involve problems. Match the conversations to the ads by writing the letters of the ads in the blanks.

CONVERSACIÓN 1
A: Llegamos a la casa con intención de comprarla. Hacemos una o dos preguntas, pero el hombre nos contesta, «Decidimos no venderla».
B: ¡Qué barbaridad!...
A: Porque somos puertorriqueños.
B: ¡Pero eso es ilegal!

CONVERSACIÓN 2
A: Doña Alicia, mi hijo está muy mal.
B: Pobrecito. ¿Qué tiene?
A: Tiene la temperatura muy alta... ¡104 grados! ¿Qué hago?
B: ¡Diós mío! Hay que llevarlo al hospital.

CONVERSACIÓN 3
A: Consuelo, ¿tienes tiempo para hablar ahora?
B: Sí, claro. Para una amiga como tú, siempre hay tiempo.
A: Eduardo y yo tenemos muchos problemas ahora. Todos los días sale temprano de la casa a trabajar y no regresa hasta muy tarde. Nunca hablamos.
B: Eso debe ser terrible. ¿Qué vas a hacer?
A: Quiero el divorcio.
B: Mira, primero necesitas un buen abogado. Conozco a uno que es excelente.

B. La respuesta apropiada. You will hear the first line of each conversation again. Choose an appropriate response.

1. Llegamos a la casa con intención de comprarla. Hacemos una o dos preguntas, pero el hombre nos contesta, «Decidimos no venderla».

2. Doña Alicia, mi hijo está muy mal.
3. Consuelo, ¿tienes tiempo para hablar ahora?

Capítulo seis

A. Situaciones. Listen to the three conversations, which involve three different kinds of transportation. Match them to the pictures. Write the number of the conversation (1, 2, or 3) in the box to the left of the appropriate picture.

CONVERSACIÓN 1
- **A:** ¿A qué hora sale el próximo autobús para Barranquilla?
- **B:** A las dos y media.
- **A:** Un boleto de ida y vuelta, por favor.
- **B:** Son diecinueve mil pesos.

CONVERSACIÓN 2
- **A:** El boleto, por favor… (*pausa*) ¿Va a Bogotá?
- **B:** Sí. ¿Hay algún asiento libre cerca de la ventana?
- **A:** Creo que sí… A ver … Sí, el número 15–A. ¿Tiene dos maletas?
- **B:** Sí.
- **A:** El avión sale por la puerta número 8 a las tres y cuarto.

CONVERSACIÓN 3
- **A:** Perdón, señorita, ¿cuánto cuesta el viaje a Cali?
- **B:** ¿Ida y vuelta?
- **A:** Sí.
- **B:** Trienta mil pesos… primera clase.
- **A:** ¿Y el de segunda clase?
- **B:** Veintidós mil pesos.
- **A:** Mmm… un boleto de segunda clase, por favor.
- **B:** El próximo tren sale a las cinco.
- **A:** Está bien.

B. ¿A qué hora? Listen to the three conversations again. For each conversation, write the departure time and the price of the ticket or gate (door) number.

Capítulo siete

A. Situaciones. Listen to the three conversations, which take place in a women's clothing shop. Match the conversations to the pictures. Write the number of the conversation (1, 2, or 3) in the box under the appropriate picture.

CONVERSACIÓN 1

LAURA: ¿En qué puedo servirle, señora?
ALICIA: Busco un vestido elegante. ¿Tiene vestidos negros?
LAURA: Pues... tengo éste de color negro y café. Los colores son muy discretos.
ALICIA: Es verdad. Es estupendo.
LAURA: ¿Lo busco en su talla, señora?
ALICIA: Sí, por favor. Uso talla 40.
LAURA: Voy a buscarlo en el lugar de los vestidos. Un momento.

CONVERSACIÓN 2

IRENE: ¿En qué puedo servirle, señorita?
LUCÍA: Bueno... busco zapatos para el verano.
IRENE: Aquí tengo éstos de color rosa. Este modelo es muy moderno.
LUCÍA: Sí, son bonitos.
IRENE: También son muy cómodos.

CONVERSACIÓN 3

LAURA: Buenas tardes, señor. ¿En qué puedo servirle?
ALFREDO: Busco un perfume para mujeres.
LAURA: Aquí tengo uno muy fino con aroma de jasmín.
ALFREDO: Umm... no, no creo.
LAURA: Aquí hay otro con aroma de rosas.
ALFREDO: No, es muy floral.
LAURA: ¿Y éste, que se llama «Niebla»?
ALFREDO: ¿«Niebla»? ¡Qué interesante! A ver... Creo que lo voy a comprar. Gracias.

B. Comprensión. You will hear five statements based on the conversations. For each statement, circle **V (verdadero)** or **F (falso).** If the statement is false, be prepared to explain why.

1. La señora busca una falda elegante.
2. Ella usa talla 40.
3. La señorita busca zapatos para el verano.
4. Ella compra zapatos blancos.
5. El señor compra un perfume que se llama «Lluvia».

Capítulo ocho

A. Situaciones. Listen to the three conversations, which involve ordering food. Match the numbers (1, 2, and 3) with the pictures. Write the number of the conversation in the box to the left of the appropriate picture.

CONVERSACIÓN 1

CLIENTE: Un sándwich de queso, por favor.
CAMARERO: Viene con papas fritas y café o té.
CLIENTE: Café, por favor. ¿Puede traerme una ensalada de frutas también?
CAMARERO: Cómo no, señora.

CONVERSACIÓN 2

CLIENTE: Un taco, por favor.
DEPENDIENTE: ¿De pollo o de carne de res?
CLIENTE: De pollo.
DEPENDIENTE: ¿Y para tomar?
CLIENTE: Pues… una Coca-Cola.
DEPENDIENTE: ¿Para llevar o para comer aquí?
CLIENTE: Para llevar.

CONVERSACIÓN 3

CAMARERO: Buenas noches, señora. ¿Quiere pedir ahora?
CLIENTE: Pues… Me es difícil decidir. ¿Cuáles son los platos especiales del día?
CAMARERO: Tenemos pescado a la parrilla…, un salmón de Alaska muy rico. También servimos arroz con pollo.
CLIENTE: ¿Está fresco el salmón?
CAMARERO: Sí, señora.
CLIENTE: Está bien. Bueno, creo que necesito un poco más de tiempo para poder decidir.
CAMARERO: Mmm… ¿Le puedo traer una bebida? Tenemos unos vinos excelentes.

B. La respuesta apropiada. You will hear the first line of each conversation again. Choose an appropriate response.

1. Un sándwich de queso, por favor.
2. Un taco, por favor.
3. Buenas noches, señora. ¿Quiere pedir ahora?

Capítulo nueve

A. ¿Quién habla? Listen to the three conversations, which take place during a tour of Honduras. For each conversation, tell who is talking.

a. a husband and wife
b. a guide and tourist
c. a man and woman who are attracted to each other

CONVERSACIÓN 1

GUÍA: Aquí, en Copán, vamos a ver el Altar Q, uno de los más famosos monumentos mayas. Los mayas tenían una civilización muy avanzada. Floreció entre los años 250 y 900 después de Cristo. Su sistema de escritura, basado en jeroglíficos, era el más avanzado del hemisferio.

TURISTA: Perdón, pero... ¿vamos a almorzar aquí después?

GUÍA: Sí, claro.

TURISTA: ¿Cuánto tiempo vamos a tener para almorzar?

GUÍA: Pues... eso depende de ustedes. Como decía, el sistema de escritura de los mayas era el más avanzado del hemisferio...

CONVERSACIÓN 2

LA SEÑORA: ¡Cómo habla el tipo! ¡Hace una hora que habla de los jeroglíficos de los mayas!

EL SEÑOR: Pero dice cosas que yo no sabía. Por ejemplo, que toda la historia de Copán está escrita en el Altar Q. Eso es interesante.

LA SEÑORA: Para ti, quizás. Yo venía con la idea de comprar algunos recuerdos en el mercado de Santa Rosa de Copán, como sabes.

EL SEÑOR: Pero tenemos el mejor de los recuerdos de aquí. ¡Nos conocimos en este lugar, Sofía! ¿Recuerdas?

LA SEÑORA: Sí, hace cien años.

EL SEÑOR: ¡Hace exactamente veintiséis años! Siempre recuerdo que llevabas un vestido blanco...

CONVERSACIÓN 3

EL JOVEN: ¿Te gusta San Pedro Sula?

LA JOVEN: Me encanta. El Mercado Guamilito es increíble.

EL JOVEN: A mí me interesó mucho la catedral. Y... ¿qué vas a hacer por la tarde, Inés?

LA JOVEN: No sé. Pensaba dar un paseo por el centro. Es que... primero necesito ir a comprar película para la cámara.

EL JOVEN: No es necesario. Tengo dos rollos extras...

LA JOVEN: Oh, gracias.

EL JOVEN: No hay de qué. ¿Vamos a dar un paseo juntos?

B. Para completar. Listen to the conversations again. Choose the best response to each item.

1. Las personas de las conversaciones están en...
2. La civilización maya floreció entre los años...
3. Los mayas tenían...
4. En el Altar Q está escrita...
5. San Pedro Sula es famoso por...

Capítulo diez

Un anuncio. Los señores Díaz hacen un viaje desde Ciudad de México hasta Mérida, en la Península de Yucatán. En la habitación de su hotel oyen el siguiente anuncio de turismo por la radio. Escuche el anuncio y conteste esta pregunta: ¿De qué sitio de interés hablan en el anuncio?

Para una experiencia magnífica, visite la zona arqueológica de Chichén-Itzá. Situada a 120 kilómetros al este de la ciudad de Mérida, Chichén-Itzá es una maravillosa ciudad maya. Suba al Castillo, con sus 365 escalones que representan los 365 días del año, y observe una vista incomparable.

Hay varios autobuses de Mérida a Chichén-Itzá. Un autobús de primera clase sale de Mérida a las 8 y 45 y regresa a las 14 horas. Un autobús de segunda clase sale a cada hora desde las 5 hasta las 14 horas. ¡No pierda la oportunidad de visitar la maravillosa zona arqueológica de Chichén-Itzá! Para más información, llame al 24–92–90 o visite el Centro de Información Turística de Mérida.

Capítulo once

Reportajes. Escuche los tres reportajes que siguen. Coordine los números (1, 2 y 3) con las fotos y titulares correspondientes. Escriba el número apropiado a la izquierda de cada foto o titular.

Reportaje 1
Seis de cada diez centroamericanos sufren de hambre, el 57 por ciento no tiene empleo y el 40 por ciento no tiene acceso a servicios de salud, reportó la Organización de las Naciones Unidas para la Infancia, o UNICEF.

La crisis de la década pasada deterioró las condiciones de vida de los habitantes de la región, dijo un informe. Al mismo tiempo, en varios países centroamericanos hubo un aumento en los gastos militares. Uno de cada diez niños de la región muere antes de llegar a los cinco años y, de los nueve que sobreviven, seis están desnutridos.

Reportaje 2
Hoy siguió el clamor contra la Escuela de las Américas. Mientras sus críticos la llaman la «Escuela de los dictadores», un informe del ejército de Estados Unidos afirmó que la escuela siempre dio importancia a los derechos humanos. La escuela, que está en Atlanta, Georgia, es financiada por el gobierno de Estados Unidos. Ha tenido estudiantes como Manuel Noriega, el ex dictador de Panamá; el general argentino Leopoldo Galtieri, que provocó una guerra contra Gran Bretaña y cinco de los militares salvadoreños acusados de asesinar a seis jesuitas y a dos mujeres en 1989.

Reportaje 3
Miles de salvadoreños celebramos ayer una fecha muy importante: el 15 de septiembre, cuando Centroamérica declaró su independencia y se separó de España. Aquí en San Salvador las diferentes actividades comenzaron desde temprano. Un gran desfile terminó en la plaza principal, donde hubo diversos actos culturales.

Capítulo doce

A. Una fiesta de quince años. Hoy Concepción cumple quince años. Ella y sus amigos celebran su cumpleaños con una gran fiesta bailable. Antonio, el primo favorito de Concepción, no ha podido venir y por eso los amigos filman la fiesta en un videocasete para enviárselo a Antonio. Escuche lo que dice Raúl, el narrador.

¡Hola, Antonio! Estamos aquí en el patio de la casa de Concepción. Aquí la ves a ella a mi derecha, y a mi izquierda está Catalina. Los otros amigos bailan en la sala ahora. Sin duda puedes oír la música... Espero que puedas oírme con tanto ruido. Como tú sabes, hoy es un gran día para Concepción: ¡es su cumpleaños de quince! Sentimos que no estés con nosotros porque esto está realmente muy lindo. Empezamos la celebración esta tarde con una misa en la iglesia San Miguel. Vinieron todos, es decir, toda la familia y las quince amigas, los quince amigos..., etcétera, etcétera. Después de la misa, vinimos aquí y cuando entramos, la orquesta empezó a tocar «Las Mañanitas». Luego, todos bailamos por una hora más o menos. A propósito..., no vas a creerlo, pero Jorge bailó con la hermana de Manuel. Parece que es un nuevo romance... De todas maneras, a las ocho sirvieron la torta y los refrescos. Fue una torta fantástica, muy grande y deliciosa. Comí demasiado, pero el hermano menor de Rafael comió tanto que se enfermó y su mamá tuvo que llevarlo a la casa... Pero la fiesta continuó. Elena tocó la guitarra y cantamos algunas de nuestras canciones favoritas. Luego volvimos a bailar. Todos nos divertimos excepto tu prima Estela. Felipe no bailó con ella y por eso la pobre estuvo furiosa y dejó la fiesta... Pobre Estela..., pero estoy seguro que va a estar bien mañana. Ahora voy a llamar a todos para que te digan algo... Un momento... Concepción...

B. En orden cronológico. Ponga en orden cronológico las siguientes declaraciones que cuentan los eventos del día.

Capítulo trece

A. Una llamada telefónica. Antonia no está bien. Habla con su médico. Escuche la conversación, ¿Cuáles son los síntomas de Antonia?

MÉDICO: Y bien, ¿cuáles son algunos de los síntomas que tiene, Antonia?
ANTONIA: Pues, me duele mucho la espalda... y estoy muy nerviosa.
MÉDICO: ¿Tiene fiebre?
ANTONIA: No, me tomé la temperatura y no tengo fiebre. Pero me duele también la cabeza.
MÉDICO: ¿Duerme bien en estos días?
ANTONIA: En realidad, no. Anoche dormí muy poco. Creo que tengo insomnio.
MÉDICO: En general, ¿cómo está su salud?
ANTONIA: Pues, estaba bien hasta ahora. Pero no sé, me siento muy nerviosa. Es que tengo mucho trabajo... ya vienen los exámenes finales y...
MÉDICO: Bueno, Antonia, su salud es muy importante. Es necesario que descanse.

ANTONIA: Pero, ¿si no puedo dormir?

MÉDICO: Recomiendo que no tome cafeína —café, té, chocolate. También le aconsejo que no duerma durante el día y que se acueste a la misma hora todas las noches. Un baño tibio antes de acostarse también da sueño. Si no puede dormir, tome un vaso de leche caliente, lea alguna novela o algún libro divertido. Si tiene dolor de cabeza, tome aspirina, pero no creo que necesite otros medicamentos.

ANTONIA: Bien. ¿Puedo tomar una copa de vino para dormirme?

MÉDICO: No, por ahora no está bien que tome ninguna clase de alcohol. El alcohol perturba el sueño... Si no se siente mejor en dos o tres días, quiero que me llame, ¿de acuerdo?

B. Consejos. Escuche la conversación otra vez. ¿Qué consejos le da el medico?

Capítulo catorce

A. Entrevista con Yolanda Rivas. Va a escuchar una entrevista con Yolanda Rivas, una peruana que investiga el lenguaje y el uso de la Red en español. Ella es de la sierra de Perú; estudió en Huancayo y después en los Estados Unidos. Primero, lea las siguientes preguntas:

1. Usted está estudiando el uso de la Red en español, ¿no? ¿Cuáles son algunas de las conclusiones de sus estudios?
2. ¿Qué piensa de la Red? ¿Está cambiando nuestra rutina diaria?
3. ¿Qué tal el uso del correo electrónico? ¿Influirá mucho en la comunicación?
4. ¿Se debe censurar la información que sale en la Red?

Escuche la entrevista. ¿Cuáles de las siguientes ideas se mencionan?

Usted está estudiando el uso de la Red en español, ¿no? ¿Cuáles son algunas de las conclusiones de sus estudios?

El 84 por ciento de los usuarios latinos son hombres y la mayoría son jóvenes entre los veinte y treinta años de edad. En general, son personas con niveles de educación y cultura muy elevados. La mayoría ha ido (o está) en la universidad y habla dos o más idiomas. La mayoría de los latinos de Estados Unidos tienen la ventaja de ser bilingües.

¿Qué piensa de la Red? ¿Está cambiando nuestra rutina diaria?

Día a día, hay nuevos servicios a través de la Internet. Por ejemplo, uno puede buscar empleo, ver el reportaje del tiempo, reservar vuelos aéreos y hasta recibir una lista personalizada de programas de televisión. Es por esto que la explosión de la Internet es tan revolucionaria, ya que hay nuevos usos y aplicaciones cada día.

El lado negativo puede ser que la interacción personal está cambiando de dimensión. Muchas personas ya no necesitan tanto socializar en el «mundo real» porque tienen otro mundo mucho más grande y abierto cada vez que se conectan a la Internet. Por ejemplo, en los «chatrooms» (o cuartos de discusión) la interacción es a tiempo real. Con la comunicación virtual, no importa que estemos en pijamas o en calzoncillos, sordos o ciegos. Es por eso que muchas personas desarrollan múltiples personalidades y se divierten o les causan confusión a otros.

¿Qué tal el uso del correo electrónico? ¿Influirá mucho en la comunicación?

El correo electrónico no se rige por el tiempo ni por el espacio, a diferencia de una llamada telefónica, que requiere que la otra persona se encuentre en el lugar que llamamos a la hora indicada. El correo electrónico juega un papel primordial en la futura interacción personal, ya que estamos cambiando nuestra manera de comunicarnos. Por ejemplo, en la comunicación interpersonal el 60 por ciento de los mensajes expresados por una persona son no verbales y en el correo electrónico toda esa información que expresaríamos está ría perdida. Esto crea confusiones, resentimientos y también mucha risa.

¿Se debe censurar la información que sale en la Red: por ejemplo, la relacionada con la pornografía o con la violencia o con algunos puntos de vista políticos?

El gobierno de Estados Unidos ha puesto restricciones contra la pornografía y el crimen en la Internet, pero es muy difícil controlar el contenido de los mensajes todavía. Para censurar la información en la Internet, hay que tener un acuerdo internacional. Por eso, todavía seguiremos viendo información sólo para adultos en miles de sitios en la Internet. La mejor manera de proteger a los usuarios vulnerables (en este caso, a los niños) es regulando el uso de la Internet en la casa.

B. ¿Verdadero o falso? Escuche la entrevista otra vez. Según Yolanda Rivas, ¿son verdaderas o falsas estas afirmaciones?

1. La mayoría de los usuarios hispanos de la Red son mujeres entre los veinte y treinta años de edad.
2. En general, tienen niveles de educación más bajos que otros usuarios.
3. La explosión de la Internet es revolucionaria porque hay nuevos usos y aplicaciones cada día.
4. La Red es muy útil para buscar trabajo, reservar vuelos aéreos o ver el reportaje del tiempo.
5. El 20 por ciento de los mensajes expresados por una persona son no verbales.
6. Es muy difícil controlar el contenido de los mensajes en la Internet; para proteger a los niños, hay que regular el uso de la Internet en la casa.

Capítulo quince

A. «Pájaro Chogüí», una canción paraguaya. Escuche la carta y la canción. Para poder comprender mejor la canción, antes de empezar el casete, lea por lo menos una vez la letra (*lyrics*) que está en la página 394.

¡Hola, Teddy!
Siento mucho no poder mandarte las canciones de protesta que me pediste. Es que, como ya te dije en la carta, durante la dictadura del general Stroessner era muy difícil hacer ese tipo

de música. ¡Lo siento, mi amor! Pero te mando «Pájaro Chogüí», una de mis canciones favoritas. En la carta te comenté que está inspirada en una leyenda guaraní. Es una historia triste y trágica, pero muy emocionante, que cuenta cómo un niño guaraní se transformó en un hermoso pájaro de color entre azul y verde. Según la leyenda, un indiecito guaraní se había subido a un árbol. Allí estaba cuando escuchó el grito de su madre que lo llamaba. El niño se asustó tanto que se cayó del árbol y se murió. Después, mientras su madre lo tenía en brazos, el cuerpo del indiecito se transformó, mágicamente, en un pájaro— el pájaro chogüí— y empezó a volar hacia el cielo. Según la leyenda, cuando oímos al pájaro chogüí en realidad estamos oyendo el canto del indiecito guaraní. ¿Verdad que sea una hermosa leyenda, Teddy? Ahora debes leer la letra de la canción antes de escuchar la música. También te aconsejo que escuches la canción por lo menos dos veces. ¡Y es mejor que leas la letra mientras oyes la música! Para eso te la mando. Bueno, aquí va la canción...

B. Para completar. Va a oír ocho frases incompletas basadas en lo que acaba de escuchar. Complételas, marcando con un círculo las terminaciones correspondientes.

1. «Pájaro Chogüí» es una de las canciones favoritas de...
2. Es una canción inspirada en una leyenda...
3. Cuenta la muerte de un...
4. Según la leyenda, el indiecito se asustó cuando escuchó el grito de...
5. Cuando se cayó del árbol, el indiecito...
6. Después de morirse el indiecito se transformó en...
7. El canto de los pájaros chogüís es un canto...
8. La fruta que más les gusta a estos pájaros es...

Capítulo dieciséis

A. De compras. Maricruz y Alejandro van a viajar a Boston. Necesitan hacer unas compras. Escuche las conversaciones y conteste las preguntas.

CONVERSACIÓN 1: *En la Sección informes del Centro Comercial Catedral*

MARICRUZ: Señorita, ¿me podría decir dónde puedo encontrar pantalones de lana, chaquetas y ropa de invierno en general?

DEPENDIENTE: ¿Para damas o para caballeros?

MARICRUZ: Para damas.

DEPENDIENTE: Pues, la Sección damas está en el tercer piso... ¿Puedo ayudarla en algo más?

MARICRUZ: Sí, por favor. ¿En qué piso están los zapatos?

DEPENDIENTE: También en el tercer piso. ¿Alguna otra cosa?

MARICRUZ: ¿Aceptan tarjetas de crédito?

DEPENDIENTE: Sí, aceptamos casi todas... y también se puede pagar con cheque o al contado, claro.

MARICRUZ: Muchísimas gracias, señorita.

(Now answer the question for Conversación 1, Exercise A.)

CONVERSACIÓN 2: *En la Sección damas del Centro Comercial Catedral*

VENDEDORA: Ese color le va bien, señorita.

MARICRUZ: Gracias, pero creo que estos pantalones son un poco chicos para mí...

VENDEDORA: ¿Qué talla usa?

MARICRUZ: En general, uso talla 38 y éstos son 36.

VENDEDORA: ¿Por qué no se los pone? Tal vez le vayan bien...

MARICRUZ: *(Unos minutos después.)* Pues usted tenía razón. Estos pantalones me van muy bien y los voy a llevar.

VENDEDORA: ¿Le puedo mostrar alguna otra cosa? Tenemos unas blusas muy lindas...

MARICRUZ: En realidad, blusas no necesito, pero zapatos sí.

VENDEDORA: ¿Qué número calza... y qué tipo de zapatos busca?

MARICRUZ: Calzo 36 y busco unos zapatos cómodos, mocasines si los tienen.

VENDEDORA: Creo que tengo exactamente lo que busca, señorita. *(Va y vuelve en unos minutos.)* Mire qué elegantes son estos mocasines. Póngaselos y va a ver lo cómodos que son.

MARICRUZ: Son realmente muy cómodos. Me los llevo también.

VENDEDORA: ¿Se los lleva puestos o se los envuelvo?

MARICRUZ: Los mocasines me los llevo puestos pero envuélvame los pantalones, por favor. ¿Cuánto es todo?

VENDEDORA: Pues... los pantalones están rebajados a mil novecientos cincuenta... y esos mocasines cuestan dos mil seiscientos; entonces el total es cuatro mil quinientos cincuenta bolívares. ¿Cómo lo quiere pagar, señorita...?

MARICRUZ: Con mi tarjeta VISA, por favor.

(Now answer the question for Conversación 2, Exercise A.)

CONVERSACIÓN 3: *En el Centro Artesanal Hannsi*

DEPENDIENTE: Parece que usted está de viaje, señor... ¿o tal vez colecciona artesanías típicas de aquí?

ALEJANDRO: Pues, mi esposa y yo viajamos a Boston la semana próxima y queremos llevarles algunos regalos a nuestros amigos.

DEPENDIENTE: Esos tápices con pájaros y flores son muy bonitos y me gustan mucho. Los que usted tiene allí son los últimos que nos quedan. Ayer vendí más de cincuenta a unos turistas de Miami. Y los pájaros y animales en madera también se venden mucho. No son pesados, son muy baratos ¡y no se rompen en el viaje!

ALEJANDRO: Tiene usted razón. Me gustaría llevar también algo en cerámica.

DEPENDIENTE: Pues esos pueblitos andinos en miniatura son típicos de aquí. El problema es que como son de cerámica, se le pueden romper.

ALEJANDRO: Es cierto... y para evitar problemas, mejor no llevo cerámica. Pero sí voy a comprarle sus últimos cuatro tapices y diez pájaros de madera. ¿Cuánto le debo en total?

DEPENDIENTE: Los tapices están en oferta, a doscientos cincuenta bolívares cada tapiz y esos pájaros de madera cuestan cien bolívares cada uno. Su total es entonces... exactamente dos mil bolívares.

ALEJANDRO: Aquí los tiene, dos mil bolívares ¡al contado! Y muchas gracias por su ayuda.
DEPENDIENTE: ¡Gracias a usted y que tenga muy buen viaje!

(Now answer the question for Conversación 3, Exercise A.)

B. ¿Verdadero o falso? Escuche las conversaciones otra vez. Conteste **V (verdadero)** o **F (falso)**.

Capítulo suplementario

Las islas fascinantes del Archipiélago de Colón. Escuche el siguiente informe sobre las Islas Galápagos.

Las islas del Archipiélago de Colón, también conocidas como las Islas Galápagos, están situadas a 622 millas de la costa pacífica de Ecuador. En total son trece islas grandes, seis más pequeñas, y más de cuarenta isletas. Son de origen volcánico y la mayor parte de ellas están al sur de la línea ecuatorial. Fueron descubiertas por Tomás de Berlanga, un obispo español, mientras viajaba entre Panamá y Perú. Varias de las islas tienen nombres ingleses que les fueron dados por los marineros y piratas que buscaron allí refugio durante los siglos XVII y XVIII.

Las islas tienen un gran valor científico y el área es ahora un parque nacional. El famoso naturalista inglés Charles Darwin llegó a las islas en 1835. Las curiosas formas biológicas que existían en el archipiélago le inspiraron para escribir su obra revolucionaria: El origen de las especies por medio de la selección natural. *Algunas de las especies más famosas que se encuentran en el archipiélago son la iguana marina y la tortuga gigante o galápago, que puede pesar más de 500 libras. Algunas especies antárticas como los pingüinos y las focas conviven con las especies tropicales. Hay también muchísimas especies de plantas. Es posible viajar al archipiélago por avión o por barco. Si le interesa la biología y le encanta la naturaleza, algún día tendrá que hacer un viaje a esas islas fascinantes.*